| 생활 & 신앙 미셀러니 |

커피 한 잔이면
지금 문턱을 넘을 수 있다

커피 한 잔이면 지금 문턱을 넘을 수 있다

초판 1쇄 인쇄 2014년 11월 28일
초판 1쇄 발행 2014년 12월 01일

지은이   백 대 현
펴낸곳   도서출판 정기획(Since 1996)
출판등록   2010년 8월 25일(제2010-000003호)
주소   경기도 시흥시 서촌상가4길 14
전화번호   (031)498-8085
팩스   (031)498-8084
홈페이지   www.cad96.com, www.books96.com
이메일   cad96@chol.com
블로그   http://blog.chol.com/cad96

ISBN   979-11-953953-0-9 03230

정가   13,000원

이 도서의 국립중앙도서관 출판시도서목록(CIP)은 서지정보유통지원시스템 홈페이지(http://seoji.nl.go.kr)와
국가자료공동목록시스템(http://www.nl.go.kr/kolisnet)에서 이용하실 수 있습니다.
(CIP제어번호: CIP 2014032382)

커피 한 잔이면 지금 문턱을 넘을 수 있다

백대현 지음

도서출판 **정기획**

"잘 모르겠습니다. ○○님과 이야기하는 게 편합니다."

모 청년이 대화하는 도중에 내게 한 말이다.

"○○야, 나는 내 자신의 발전을 위해 인터넷에서 클럽활동을 했는데 일부 회원에게 모임의 정신적 지주라는 말을 들었단다. 아마 오랜 시간 한결같은 마음으로 그들을 대한 이유와 모임 내에서 평소 행위를 보고 그리 판단한 거라고 여겨진다. 나는 클럽 게시판과 개인 블로그에 시간이 날 때마다 하고 싶은 말이나 생각을 거짓 없이 알렸고, 상대의 댓글도 받아들이면서 해당 주제에 대한 참과 거짓을 책이나 자료를 연결하여 내 것으로 만들려고 노력했다. 내가 그런 노력을 하는 이유는, 모든 인간은 자신에 대한 생각, 사상, 이념 등을 표출表出할 필요가 있고 그것이 인간이 서로 가까워질 수 있는 방법 중의 하나라고 생각했기 때문이다. 나와 상대가 서로가 자신의 머리와 마음에 있는 것을 편견 없이 교류할 때 서로에게 믿음을 줄 수 있다는 평소 가짐을 실천했다는 거지. 물론 상대를 이해하는 마음을 갖기까지 현재 내가 가진 신앙이 밑바탕에 깔려 있었기에 가능했다고 말하고 싶다. 지금 네가 내게 편하다고 말한 것도 너의 모든 이야기를 내가 그 바탕 위에서 사심私心 없이 받아주었기 때문일 거야…"

얼마 전, 모 집사가 나의 가게 겸 사무실을 사랑방에 비유하며 말한 적이 있다. 다양한 사람들이 들락날락한다는 의미일 것이다. 나는 칭찬으로 받으면서 다음과 같이 그 이유를 설명했다.

"그것은 제 능력과 하등 관계가 없다고 봅니다. 하는 일이 그렇다 보니 내 개인적으로 가장 귀하게 여기는 분들 즉 목사님들부터 동네 불량배까지 가지각색 사람들이 모여들고 또 그들에게 물건을 팔려다 보니 그들의 기분을 맞추려고 노력했을 겁니다. 그 노력은 그들의 입장을 충분히 고려하고 맞장구를 쳐주면서 내 편으로 만들려는 몸부림 아니었겠습니까? 그것은 세상 사는 모든 사람도 마찬가지일거구요. 그 과정이라고 생각하시면 됩니다."

나는 그가 돌아간 후 못다 했던 말을 혼자서 중얼거렸다.

'훌륭한 인격을 가진 목사부터 동네 건달 사이에는 목회하는 분들 중에도 양아치와 같은 마음을 가진 사람이 있었고 양아치 중에서는 오히려 목사를 비롯한 교역자보다 남을 배려하는 마음을 크게 가진 자도 있었다. 내가 하는 일을 통해 한 가지 확신하게 된 것은, 목회하는 사람들은 다 선하고 동네 양아치는 다 나쁘다는 선입견 先入見을 버렸다는 것이다. 좀 더 솔직히 말하면, 종이 한 장 차이에

불과한 똑같은 죄인일 뿐이다.'

내가 청년에게 말하다 중단했던, 모임에서 정신적 지주라는 말을 들은 것은 다음과 같은 구체적인 이유도 포함될 것 같다.

모임에 나가 보면 세상 팔도에서 모인 남녀가 자리를 차지한다. 술, 담배도 흔하게 하고 노래방이나 나이트클럽도 가고 어쩌면 흥청 망청하는 분위기지만 내가 기독교인이라 해서 그 자리를 무작정 박 차고 나오지 않았다. 그런 무리 속에는 하나님을 믿으면서도 거짓 말을 비롯한 더 큰 죄를 범하는 사람들도 있었고 비록 아직 주님 을 영접하진 않았으나 행실이 바른 사람들도 있었다. 다만 기도문 을 통해 그들을 위해 기도했고 틈만 나면 왜 하나님을 믿어야 하는 지를 간접 설파說破했다. 물론 교제 중에 상대가 하나님의 명령에 반 대 행위를 하고 있다 해서 그들을 나무라지도 않았다. 위에서도 말 했다시피, 우리 인간의 죄는 백지 한 장 차이라는 것을 새기고 있었 고 또 교만驕慢과 무지無知에서 오는 언행이라는 것을 알고 있었기 때문이다.

내게 편하다고 말을 했던 그 청년의 마음에는 이미 대못이 되어 박힌 상처들이 너무 많았던 것 같다. 당시 나는, 목회를 하는 사람 이 아니고 교회 밖으로 나오면 교인이자 세상에서는 평범한 사람으 로서, 열심히 살고 간절하게 기도만 하면 된다는 어쩌면 상투적으 로 들릴 수 있는 신앙의 멘트만으로 그를 위로해 줄 수는 없었다.

신앙의 발전과 변화를 통해, 그의 마음에 평안平安을 주는 것은 솔직히 나로서는 아직 할 수 없고 그것은 하나님의 계획과 역사와 하나님의 일을 하는 분들에게 일단 맡겨야 한다고 생각하면서 다음과 같은 말을 이어서 해 주고 싶었다.

지금 네 맘에서 요동搖動치는 불편한 것들, 즉 가족 간의 불화나 아니면 직장 및 사생활 문제 등은 무조건 엎드려 기도만 한다고 해결될 일이 아니고 그것을 해결하려면 그 전선에 직접 나가야 한다. 네가 결혼을 하고자 한다면 상대 이성을 찾을 수 있는 곳으로 가야지 걸음을 옮기지도 않으면서 이성이 내게 와서, "우리 결혼 할까요?" 하리라 기대하는 것은 옳지 않다는 것이다. '기도만 하면 네 반려자까지 하나님이 역사해 주실 것'이라는 목회자들의 막연한 논리(?)만 믿고 한없이 기다리지 말라는 것이다. 네게 닥친 모든 문제는 영적인 흐름에서 온다. 아직 그 흐름을 온전히 깨닫지 못하고 있는 너나 나처럼 평범한 사람에게 믿음이 약하거나 기도가 부족해서 오는 것이라고 말하는 것은 진리임을 알면서도 실천하지 못하는 나약한 인간의 보편적인 마음 중의 하나일 뿐이다.

나는 그 청년에게 우선시되어야 할 것은, 좀 더 강하고 좀 더 간절하게 기도하게 할 수 있는 마음이 우러나게 해 주거나 그가 그 결단을 내릴 수 있도록 인생과 신앙의 선배로서 책임지는 자세를 가져야 한다고 말하고 싶다. 청년에게 우러날 수 있는 마음을 주려면 우리 마음에서 사심을 없애야 한다. 즉 사심 없이 그의 말을 들어 주어야 한다.

이 책은, 전문 목회자가 아닌 평신도의 한 사람으로서 나와 이야기를 나누었던 청년에게 '사심 없이 받아 주었기 때문일 거야'에 대한 설명뿐 아니라 현재 외형적인 교회에 뚜렷한 목적이나 목표 없이 출석하는 교인이나 아직도 주님을 알지 못해 세상에서 길을 몰라 방황하고 가슴에 여러 갈래의 색깔로 고민하는 자들이 주님을 영접하고 주님을 통해 영과 육적인 문제를 해결받고 또 영원한 생명의 길로 가는 데 티끌만큼의 역할을 하고 싶어서 준비했다. 우리 각자가 하나님을 알고 믿게 된 것은 전적으로 하나님의 계획과 역사이지 인간의 역량 때문이 아니다. 어떤 이를 전도한 사람도 누군가에 의해 하나님을 처음으로 접하게 된 사람도 서로 그 원리만은 수용受容해야 할 것이다. 하나님과 나 사이에서 공존 공생하는 모든 인간은 각자 하나님께로 온전히 가는 데 있어 서로에게 동역 및 동행자일 뿐 그 이상도 이하도 아닌 것이다.

이 책이 나올 수 있도록 사랑의 눈으로 지켜봐 주신 주님께 모든 영광을 돌리며 지금까지 내 신앙의 발전에 도움을 주신 담임목사님을 비롯한 신앙의 모든 선, 후배 분들께 지면을 통해 감사를 표한다.

2014년 늦은 가을
일터에서 백 대 현

| 차례 |

시작하면서 •04

철없던 내 모습 •14
가장 먼저 깨닫게 된 것 •16
향기를 풍겼다는 것 •18
참 인생이자 사랑인 것 •21
힌트만 주면 되는 것 •23
모든 방법과 진리 •27
내가 고개를 숙이고 있는 것 •29
지금보다 몰랐을 때 •31
스스로 찾아내어 꼭 느끼기를 •34
나를 더 크게 쓰기 위한 과정 •36
기본 마인드 •39
돌릴 수밖에 없다 •41
인간이 가야 할 길 •43
간절히 소망해 본다 •45
그 가짐은 포기했다 •47
스스로 삼고 있는 •49
적응하지 못하고 있다는 의미 •52
새사람이 된 것은 •54
아픈 것을 참아가며 •57

누가 누구를 •59

들길에 핀 이름 모를 잡풀 •62

게으름 피우는 것 •65

몇 자 적어 본다 •68

그들과 우리의 차이 •71

비록 늦었지만 •73

벌레 같은 나 같은 자에게 •75

오늘도 노력하고 있다 •77

정해진 대본 •79

소금 역할役割 •81

다짐을 채운다 •83

올바른 길로 안내하는 것 •85

내가 고쳐야 마땅하겠지 •87

감히 말하고 싶다 •89

무엇을 준비하고 계실지 •91

믿음을 놓지 않고 성장시키는 게 •94

무엇을 의미하는지 •96

목소리를 높이고 있는 이유 •98

나만의 잘못된 욕심일까 •100

선택은 내가 하는 게 아니다 •103

믿지 않는 자들의 초기 증상 •105

다음에 만나면 •109

곪고 썩게 하는 것 •112

대신 제대로 전해주었으면 •115

주님의 계획하심의 시작 •118

웃으며 타자를 치는 것은 •121

어디에서 나와야 하는가 •123

새벽이 빨리 오기를 바란다면 •125

완전하게 충전해 주실 수 있는 ·128

어린 아들에게도 그 길을 ·131

크고 강하게 강조한다 ·134

지금 우리가 존재하는 것은 ·137

지금도 바라보고 계신다 ·139

나만의 작은 몸부림 ·141

이제야 알 것 같다 ·143

아침을 시작하는 이유 ·146

저 장대비를 통해 전달되었으면 ·150

가만두지 않을 것 ·153

홀로 아쉬움을 꾸역꾸역 삼킨다 ·155

항상 제자리 ·158

주어진 시간 최선을 다하며 사는 것 ·160

풀어 주라는 의미 ·162

처음이자 마지막이라는 것 ·164

찾다가 힘들면 ·166

충忠이라는 글자 ·169

충심衷心으로 기대한다 ·171

청년에게 해준 말 ·173

참으로 안타까운 현상 ·175

작은 일에 집중하는 자들 ·177

진리애眞理愛 ·180

지금의 나요 모든 인간이기 때문이다 ·183

지금 무엇을 해야 할지 ·186

전력全力 질주할 때 ·188

우리 삶의 모토 ·191

인간과 짐승의 차이 ·194

오늘도 변함없이 ·197

왜 화를 내신 걸까 •199

우리에게 주는 인생의 나침반 •201

우리가 보여야 할 모습이다 •203

영원히 살 수 있는 방법 •205

어디에 서 있는가 •207

한치 앞도 볼 수 없는 우리 •209

세상을 제대로 알려면 •212

선善과 의義를 행하면 •214

새롭게 일어나기를 •217

풍성해지는 비결 •219

보답하는 길 •221

별로 다를 게 없다는 건 •224

매일매일 무장해야 •227

지폐 한 장 들고 •229

만남의 중요성 1 •231

만남의 중요성 2 •233

사람이 변한다는 것 •236

두 개의 눈과 귀 •238

다른 건 몰라도 •240

알량한 자존심 •242

가지에 매달려 있을 때 •245

그 어떤 것도 앞설 수 없다 •247

마무리하면서 •250

커피 한 잔이면
지금 문턱을 넘을 수 있다

"철학哲學을 알면 인생이 잘 풀리는가?"
지금 읽는 책이 내게 질문한다.
나의 답은 "천만에!"다.
다음 장에선,
"어째서 철학적 언어는 이다지도 어려운 것일까?"라고 묻기에,
"그러니까 생각해 보라는 거지…"라고 이어서 답했다.
그리고 웃었다. 왜?

철없던 내 모습

아리스토텔레스는
'인간은 사회적 동물'이라고 말했다.

파스칼은 '생각하는 갈대'라고 했으며
벤자민 프랭클린은 '도구를 사용하는 동물'이라고
말했다.

또 쇼펜하우어는 '형이상학적 동물'이라고 했으며
칸트는 '인격의 존재', 니체는 '약속할 수 있는 동물'이라고
나름대로 설파說破했다.

앞서의 철학자들을 포함한 대부분 철학자들의 화두話頭는
'인간이란 무엇인가?'로 시작한다.

나는 유명한 철학자는 아니지만
내게 누군가가 물어 온다면
다음과 같이 대답할 것이다.

"인간은 하나님의 형상대로 만들어진 만큼
그 하나님을 닮아가는 삶을 사는 것이 온전穩全한 인간이다."

비가 내리는 아침,

우산을 쓰고 허겁지겁 버스정류장으로 향하는 모습,

전조등을 켜고 핸들을 돌리는 모습,

각자의 일터로 나가는 인간들의 제각각의 모습에서

오랜 시간, '인간이란 무엇인가?'를 두고

논쟁論爭하고 골몰汨沒하던

지금 백미러를 쳐다보고 있는 철없던 내 모습이

오늘따라 유난히 우스꽝스럽다.

'인간은 하나님의 형상대로 만들어진 만큼
그 하나님을 닮아가는 삶을 사는 것이 온전한 인간이다.'

가장 먼저 깨닫게 된 것

내 방식대로 열심히 살면
내가 원하는 것을
다 가질 거라고 생각했다.

밤을 새워 남보다 더 공부하면
내가 원하는 지식을
다 얻을 걸로 알았다.

남보다 나은 자격증을 가지면
그 자격으로 높은 자리에 앉아
편히 살 줄 알았다.

남들이 안 하는 잔업까지 하면
그 물질로 통장의 잔고가
넘쳐날 줄 알았다.

그 모든 것은
남들보다 나은 내가 되기 위하여
나는 여태 살았지만
아무리 가져도 나보다 더 가진 사람들은

사방四方을 둘러보니
너무나 흔하게 많다.

이제야 알 것 같다.
'내 삶은 나를 위해 내 것을 갖기 위해 사는 것이 아니라
주님을 위해 사는 것이 합당合當하다.'고.
내가 세상을 바라보던 그 모든 가치관이
주님을 만나면서
가장 먼저 깨닫게 된 것은
바로 그것이다.

'내 삶은 나를 위해 내 것을 갖기 위해 사는 것이 아니라
주님을 위해 사는 것이 합당合當하다.'

향기를 풍겼다는 것

초등시절에
예쁜 여자 아이를 보기 위해
교회에 가기 시작했고
학생시절은 기독교 재단 학교를 다녔다.

군 시절, 주일마다 예배를 드리다가
세례를 받았고
청년 시절, 십자가를 먼발치서 바라만 보다가
지금 사는 여기로 이사를 해서
현재 섬기는 교회의 목사님의 전도로
교회에 다니기 시작했다.

물론 나의 지금까지의 모든 삶을 짧은 몇 줄로
다 표현할 순 없지만
평소 내 생활의 모든 바탕에
하나님은 이미 계셨던 것 같다.

현재 나의 생각과 자아自我와 모든 형편으로
지금도 온전히 하나님을 만났다고
자신 있게 말할 순 없지만

내 삶의 바탕에 하나님이 계셨다는 것은
이젠 틀림없는 사실로 여기고 있다.

삶의 작은 생각들이 모여
습관과 사상思想이 되고
사상이 발전하여 좀 더 강한 신념信念이 되며
신념이 바위가 되면 주의主義가 된다.

나는 어린 시절부터 지금까지
어설피 공부한 내용을 정확히 알지도 못하면서
나의 생각과 사상이라는 핑계로
이런 저런 기회를 통해 표현했고
그 표현을 접한 타인들은
나의 밑바탕이 기독교적이라는 말을 했다.

교회를 다니면서
또 내 일터를 방문하는 기독교인들을 통해서
나의 평소 사상에 체계적인 성경을 주입하게 되면서
나 자신도 어느새 확실한 기독교인임을
자청自請하고 있었다.

하지만 근래 들어와
내가 기독교인임을 자청한다고 말했지만
그것은 진정한 기독교인이 아니라는 것을 깨달았다.

진정한 기독교인은,
내 삶의 기준과 중심을
하나님께 먼저 두고
나의 생각과 형편은
그 다음으로 여겨야 한다는 것이다.

그러므로 어릴 적부터 바탕에
기독교적인 향기를 풍겼다는 것은
나뿐 아니라 모든 인간에게는
하나님께서 이미 자신의 영광을 위해 살라는
그 주의主義를 바탕에 깔아 둔 것이고
우리는 살면서
그것을 여러 경로의 체험과 학습을 통해
나 스스로 깨우치고 증명해 나가는 것뿐이다.

'내 삶의 바탕에 하나님이 계셨다는 것은
틀림없는 사실이다.'

참 인생이자 사랑인 것

내 위치가 어디에 있다 하더라도
주어진 환경에 맞춰 열심히 사는 것이
당연하다고 생각했다.

비록 내가 힘들더라도
나보다는 너를 먼저 배려하며 사는 것이
옳은 것이라고 생각했다.

착하게 좋은 일을 하며 사는 것이
인생의 참이라고 배웠고
그것이 사랑이라고 생각했다.

헌데 지금 와서 보니 모든 게 틀렸다.
나를 위해 열심히 사는 것도
선행善行하며 사는 것도
참도 아니고 사랑도 아니라는 것을….
그것은 내 얼굴을 알리기 위한
나를 위한 하나의 가식假飾이고 위선僞善에
불과했다.

참 인생과 사랑은
세상을 창조하신 하나님을 먼저 인정하고
우리를 구원하신 예수님을
믿고 알아가는 것이다.

너와 나를 사랑하신다는 이유로
십자가를 지시면서까지
우리에게 참 사랑이 무엇인지 몸소 보이신 것처럼
우리가 그 사랑을 알고 또 내 자신을 사랑하고
이웃을 사랑하는 것이
그 어떤 것보다 우선되어야 한다는 게
참 인생이자 사랑인 것이다.

'참 인생은 세상을 창조하신 하나님을 먼저 인정하고
우리를 구원하신 예수님을 믿고 알아가는 것이다.'

힌트만 주면 되는 것

주님을 만나고 알아 가면서
지난 날 심취心醉했던 모든 것을 버리는 중이다.
물론 심취했다 하더라도
그것을 '다 안다'는 의미는 아니다.

어린 시절 나는,
유난히 책읽기와 글쓰기를 좋아했기 때문에
요즘 세상에서는 인기가 없다는
인문학에 접근했다.

직장생활 중에는
동양철학의 중심인 공자나 맹자 등에 호기심이 발동發動했고
나이가 들어가면서
그리스 철학자들이 광장에 나와
대화를 통해 진리를 찾아가는 모양새부터
회의주의를 포함한 스토아 철학에 눈을 뜨기 시작했다.

특히 노예철학자로 잘 알려진 에픽테토스(Epiktetos)는
내가 주님을 만나기 전 가장 크게
내 영혼을 사로잡은 철학자다.

나는 지금도 주님을 만나
교회를 중심으로 신앙생활을 하면서
그 바탕만은 아직도 그때 가진
철학적 마인드를 버리지 못하고 있다.

많은 사람들과 교제를 통해
화두 즉, 주제의 답을 찾아 가슴에 담듯
주님을 알아가는 현재 진행 중에 배우는
성경의 참뜻도 동일하게 적용하고 있다.

인간이 수학을 하든지 과학을 연구하든지
다양한 철학을 공부하든 어떤 종교생활을 하든
그 이유는 단 하나라고 본다.

먹고 사는 문제와
돈과 권력과 명예를 추구하는 사람들이야
이해 못할 내용이겠지만
인간은 '창조주가 나를 이 모양으로 만든 이유와 목적'
즉, '나 자신의 참'을 찾아가는 싸움이라고 생각한다.

그 싸움 중에 만나는 모든 대상은
더 빠르게 더 참된 것을 잡게 하는
내게 있어서는 수단이고 방법일 뿐이다.

그렇다고 내가 익히 알고 있는 수단과 방법이

저 사람에게도 똑같이 적용되기를
바라는 것은 결코 옳다고 볼 수 없을 것이다.

교회를 중심으로 한 신앙생활도 동일하다.
내가 주님을 알게 되어 어제보다 더 많은 것을 알기 위해
힘들게 걸어가는 것을 두고
먼저 알게 된 자나 좀 더 나보다 많이 안다고 하여
'잘못 가고 있다'고 말할 수 없다는 것이다.
다만 다르게 가고 있는 것을
힌트만 주면 된다.

노예로 태어나 후에 훌륭한 철학자가 된 에픽테토스는
수용受容의 철학을 강조하며
지금의 나를 지금의 나로 그대로 받아들이라고 했다.

즉 먹고 마시고 입는 것부터
잘난 부모를 만나지 못해
남과 다르게 힘들고 어렵게 살더라도
다른 사람에게 상대적 열등감을 갖지 말고
오늘 내게 일어나는 모든 것을
있는 그대로 받아들이고
감사하며 평안한 삶을 살도록 권유했다.

비록 일개 철학자의 말이지만
어쩌면 인간을 창조하신 주님의 뜻과

일맥상통一脈相通한다.

내가 아는 올바른 진리를, 가르쳐 주는 것과
강요하는 것이 엄연한 차이가 있듯
사람마다 참된 진리를 받아들이는 것과
받아들이지 못하는 것도
차이가 있다는 것이다.
남보다 주님의 말씀을 좀 더 많이 안다고 해서
안다는 것으로 그들을 힘들게 하는 것보단
그들의 현재를 인정하고
단지 힌트만 주면 되는 것이다.

지난 세월, 문학과 철학과 여타 종교와
현재까지 신앙생활을 종합해 내린
이 시각 현재까지의 '나만의 결론'이다.

인간은 '창조주가 나를 이 모양으로 만든 이유와 목적'
즉, '나 자신의 참'을 찾아가는 싸움이라고 생각한다.

모든 방법과 진리

나는 개인적으로 '글'에 대한 관심이
깊고 높은 편이다.

글 쓰는 사람들의 영혼이 담긴
그들의 모든 글이
질과 양을 떠나 하나도 빠짐없이 남겨지기를 원한다.

글은 전문작가만 쓰는 것이 아니라
일반인들도 누구나 쓸 자유는 있다.

어느 유명한 철학자는,
'나라와 민족도 흥망성쇠가 있고
사람과 사업도 끝나는 때가 있으나
글은 영원히 남는다.'라고 말했다.

내가 글을 남겨야 한다고 말하는 가장 큰 이유는,
남겨진 그 글 속에서
후대인들이 무언가 얻기를 바라는
마음 때문이다.

남겨진 글 그것이 역사이면
위정자들은 과거의 역사를 통해 좀 더 나은 세상을 위한
행정과 법을 생산해 낼 것이고
그것이 문학이나 과학이면
문학가나 과학자는 더욱 깊게 연구하고 관찰하여
세상에 꼭 필요한 무언가를 만들어 낼 것이다.

세상이 발전하는 것은 그런 마음을 가진 자들이
자신의 역량力量을 문자로 남겼기 때문에
이루어진 것이라는 말이다.

그것은 평범한 우리도 마찬가지다.
일상적인 우리 각자의 이야기를 글로 남기면
나와 전혀 상관없는 사람들도 그 글의 메시지에서
자신을 돌이켜 보고 또 반성을 통해
상대를 이해하고 더 넓게는 세상을 이롭게 하는
언행으로 이어진다는 것이다.

바로 그것이 사랑이고 사랑은 그런 작은 것부터
실천하는 데서 시작된다는 것이다.
성경은 그런 사랑을 이해하고 실천으로 옮기게 하는
모든 방법과 진리가 담겨져 있다.

'성경은 그런 사랑을 이해하고 실천으로 옮기게 하는
모든 방법과 진리가 담겨져 있다.'

내가 고개를 숙이고 있는 것

내겐, 가장 큰 장점이자 결점을 동시에 가진 게 있다.
그것은 '생각을 너무 깊게 한다.'이다.

8살 때 아버지가 돌아가신 나는
홀어머니의 기대를 받았기에
어떤 결정이든
어머니의 마음과 세상의 눈을 의식意識해서
신중하게 할 수밖에 없었던 것이다.

성장하면서,
나는 나의 그 장점이자 결점으로 인해
때로는 완벽함으로 칭찬을 받기도 하고
다른 한편으로는 우유부단함으로
좋은 기회를 놓친 적도 많았던 것 같다.

매독 약을 발명한 유명한 과학자 에를리히는
'생각하는 것이다. 철저히 생각하는 것이다.'란
말로 생각과 철저함을 동시에 말한 적이 있다.

그의 말을 풀이한 모 철학자는

철저함에 대해 자신의 저서에 다음과 같이 기술했다.

'철저徹底란,
문자 그대로 밑바닥까지 뚫고 들어간다는 뜻으로
'철'은 관철한다. '저'는 밑바닥이다.
더 이상 들어갈 수 없을 때까지
제일 밑바닥까지 뚫고 들어간다는 것이다.'

듣기에 따라 어렵게 들릴 수 있지만
일찍 그의 말을 깨달았던 나는
어떤 문제가 내게 닥치면 그의 말처럼 하기 위해
나름대로 노력한다. 그리고 결정한다.

위에서 말했다시피,
생각하다가 기회를 놓친 적도 여러 번 있지만
놓친 것보단 얻은 게 더 많은 것은 사실이다.

나는 하나님의 일을 하면서도 내 마음가짐을
그대로 행하려고 노력한다.
그 일이 아주 사소한 것이라도 말이다.

생각은 깊게 하되 상대를 먼저 배려하고자 하는 깊은 마음
나는 그 마음이 예수님의 마음이라고 확실히 믿고 있다.

나는 내게, 그런 닮아가려는 마음을 주신 주님께
그래서 항상 고개를 숙이고 있는 것이다.

지금보다 몰랐을 때

하나님을 지금보다 몰랐을 때
나는 제대로 알지 못하면서 중국의 공자孔子를
존경하는 마음을 품었다.

그가 쓴 책을 간간히 보면서
정말 학식이 풍부한 분이란 걸 의심하지 않았다.

특히, 논어論語에 나오는 화이부동和而不同이라는
단어는 나의 정서에 정확히 부합했기에
그의 글 하나, 말 하나를 나의 마음에 새기려고 노력했다.

사람이 어떻게 살아야 하는지 그 방향을
제대로 전달하고자 했던 공자의 동양적 사고방식은
석가모니나 소크라테스 같은 사람들의 방향보다
내게 편안하게 다가와 앉았던 것이다.

하나님 말씀을 듣고 성경을 공부하면서
공자가 말했던 화이부동은 성경에서 출발(?)한 것이라고
확신을 가지게 된다.

모 철학자의 풀이대로

화동和同은 서로 사이가 벌어졌다가 다시 화합한다는

사전적 의미를 갖고 있다.

그 음을 갈라서 좀 더 구체적으로 해석하면,

화和는 다른 사람과 서로 화목하다는 뜻이고

동同은 부화뇌동附和雷同의 준말이라고 보면 된다.

(부화뇌동 : 아무런 주견이 없이 남의 의견이나 행동에 덩달아 따름.)

훌륭한 사람은 화하되 동하지 않고

좋지 않은 사람은 동하되 화하지 않는다는 뜻이다.

하나님은,

'사람은 각기 하나님이 지으신 대로

자신의 은사를 통해 서로가 사랑하며 하나가 되어

하나님의 영광을 위해 살아야 한다.'라는

기본적인 가르침을 성경을 통해 주시고 있지만

우리 인간은 자신이 최고인 양

하나님 말씀을 무시하고

동이불화同而不和하고 있다는 것이다.

외형적인 교회에서 동이불화하는 자는,

신앙의 연륜이나 직분이나 세상적인 나이로나

그 어떤 이유라 해도

하나님이 아름답게 보지 않는다는 말이다.

비록 신앙의 나이가 적고
아직도 세상적 사고에서 자유롭지 못하더라도
화이부동하려고 노력하는 자를
우리 주님께서는 더 예뻐해 주실 거라고 생각해 본다.

밤새 수북이 내린 눈으로 하여금
거북이보다 느린 걸음으로 달리는 자동차와
조심스럽게 인도를 걷는 다양한 사람들을 바라보는
지금의 나에게
하나님이 주신 메시지다.

'화이부동하려고 노력하는 자를
우리 주님께서는 더 예뻐해 주신다.'

스스로 찾아내어 꼭 느끼기를

성도들과 커피 잔을 들고 있다가
책冊에 관한 이야기가 나왔다.
책이란 것이 화두가 되면
나는 나도 모르게 흥분한다.

아마도 내 인생의 최고의 꿈이자
내 자신이 꼭 이루고 싶은 간절함이 배어 있기 때문인지
가끔은 어색한 표현을 쓰면서까지
책에 대한 예찬론禮讚論을 펼친다.

어느 유명인의 말처럼,
'인간이 책을 만들고 책이 인간을 만든다.'라는
그 속성을 나름대로 이해하고 있어선지
책에 대한 사랑은 속이지 못한다.

물론 책에 대한 예찬과 사랑을 표현하고 있지만
내가 이루고 싶은 나만의 그 목표를
내 생이 다하는 순간까지도 이루지
못할 수도 있을 것이다.

하물며 이렇게 책을 광고하는 것은
그 책의 귀함만은 이 글에서나마 강하게
알리기 위함이다.

커피를 마시던 성도 분들이 하나 둘 돌아가고
나 홀로 책상에 앉아 있는데
바로 내 앞에 놓여 있는 성경이
눈에 들어왔다.

나만의 착각 속에 누가 뭐라 해도 세상에서 가장 잘났고
어느 분야 어느 누구하고도 논쟁을 한들
패하지 않을 자신이 있다고 말했던 나를
한순간에 굴복屈服시킨 저 책….

나를 한없이 작게 만든 저 책으로 하여금
나는 세상 사람들을 이기려고 무작정 읽었던
모든 책에 먼지를 묻히고 있다.

지금 이 글을 읽는 미지의 당신도
지금 내가 말하는 저 책을 꼭 사서
세상 그 어느 책에도 담지 못한 그 귀한 메시지를
스스로 찾아내어 꼭 느끼기를….

나를 더 크게 쓰기 위한 과정

모든 사람은 각자 자신의 삶에 대한
역사歷史를 가지고 있다.
나도 평범한 인간인 이상 예외는 아니다.

나의 삶 중 내게 아직도 가장 큰 아픔으로
가슴에 남아있는 것이 하나 있는데
그것은 고2 때 딱 한 번 지각한 일이다.

나는 병치레를 하시는 홀어머니 밑에서
중고 시절을 보냈는데
학비를 충당充當하기 위해
새벽에 일어나 신문 배달을 했다.

지각한 이유가 남들처럼 늦장을 부렸다거나
다른 이유였다면 아마도 지금까지 그 사실을
기억하고 싶지 않았을 것이다.

그날 새벽,
늦은 밤부터 내린 폭포수같은 비로 인하여
내게 할당된 신문이 바람에 온 골목에 흩어져서

나는 배달을 처음부터 다시 해야 했다.

시내버스를 타고 통학했던 시절이었기에
버스 정체까지 겹쳐,
도리 없이 지각을 하게 되었고
그 기억이 아직까지 남아있는 것이다.

철학자 에픽테토스는
'고난苦難은 인간의 진가를 증명하는 것이다.'라고
말했다.
그는 노예로 살면서 수많은 고난을 겪으면서
참고 견디는 것을 인생의 좌우명으로 삼아
후에 훌륭한 철학자가 된 사람이다.

나는 여유로운 생활을 하지 못해선지
평소 그의 말을 위안慰安으로 삼았고
훌륭한 철학자가 되는 것을 꿈으로 가졌다.

어쩌면, 그날 버스 안에서 보이지 않게 한없이 울었던
그 어린 마음은
영원한 표징標徵이 되어
그것을 꿈으로 삼았던 것 같다.

그러던 내가 이젠, 다른 사람들과의 교제를 통해
그 사람을 알게 되면서 내가 겪은 그 날의 고난은

별것 아니라는 것을 알게 되었다.
대화를 통해 알게 된 그 사람의 역사는
내 자신의 삶에 비하면 몇 배 더 큰 고난과
역경이었던 것이다.
나는 그 자가 자신의 고난의 지난 세월을,
'하나님이 내게 주신 값진 선물이다.'라고 말할 때
놀라움을 숨길 수 없었다.

비록 겪을 땐, 눈물이 되어 나를 힘들게 하지만
그 바탕이 세상을 이기고 살아가는 데 있어
힘의 원천源泉이 된다는 것.

아직도 어두움에서 허우적거리는 사람이 있다면
그의 말처럼, 하나님 말씀을 펼쳐보라.
지금의 고난은 나만이 겪는 게 아니라
남들도 똑같이 겪는 것이고
나를 더 크게 쓰기 위한 과정이라는 것이
정확히 기술되어 있기 때문이다.

그래서 나도, 나의 지난 시간에 대한 어두움을
이젠 해처럼 별처럼 바라볼 수 있다.

'나의 지난 시간에 대한 어두움을
이젠 해처럼 별처럼 바라볼 수 있다.'

기본 마인드

온통 내 자신이 세상과 호흡할 때도
가훈을 '정도正道'라고 말했다.

정도를 걷기 때문에 정도라고 말한 것이 아니고
정도를 걷고자 노력해 보려고 정했다는 말이다.

내가 정도란 말을 좋아하고
내 하는 일에 정正이란 상호를 붙인 것은
바로 실천해 보고자 하는 나름대로의 명분이었다.

한자와 연관된 출판 일을 하면서
본의 아니게 한자를 접하다 보니
유교적 사상이 내 바탕에 짙게 스며들게 되었고
그 사상을 통해 인간의 삶에 중요한 것이
무엇인지 한 가지 얻은 바가 있었다.

유교의 가장 중요한 뉘앙스는
인仁과 의義라고 맹자孟子가 말했다.
인의 마음으로 의의 길을 가야 한다는 말이다.

인이란 음을 풀이해서 의와 합하면,
인은 사람 인ㅅ변에 두 이ㄷ자를 쓴다.
즉 두 사람 이상이 옳은 일을 위해 마음을 먹고
또 행하는 것이 가장 이상적이라는 뜻을 내포한다.

인이란 음은 사랑을 의미하기 때문에
사랑을 여러 사람이 함께하는 것이
인간이 각기 형성한 공동체가 발전한다는 말이 된다.

서로 자신을 낮추고
서로 남을 위해 희생하면서 하나가 되고자 하는
서로 사랑하고 사랑이 넘쳐야 한다는 것은
우리의 주님이 가장 바라는 바다.

우리는 내 자신이 우리의 주님에게 받은 사랑을
조금이나마 보답하기 위해서라도
아니, 사랑이 넘치는 공동체의 일원이 되기 위해
내 자신부터 공동체를 위해 무엇을 해야 할지 궁리해야 한다.

한낱 유교의 학자도 인과 의의 의미를 부르짖었는데
세상을 창조하시고 우리를 구원하신 주님의 말씀을
우린 가슴에 못을 박듯 아픔을 참아가며
새겨야 한다는 말이다.

그것이 교회 안에서 신앙의 직분이나 연륜을 떠나
모두가 가져야 할 기본 마인드인 것이다.

돌릴 수밖에 없다

부모에게 받은 것이 너무 적다고
항상 마음으로 불평불만을 가지고
어린 시절 방안 구석에서 우울한 마음을 달랬다.

훈련병 시절에는 겁도 없이
돈과 백이 없어서 가장 험하고 힘든 곳으로 배정되었다고
소개서에 또박또박 적었다.

경영진에게, 비록 내 끼니를 얻기 위해 하는 일이지만
내 일처럼 하는 사원의 삶을 알아야 한다고
두 손 들고 목청을 높여 소리를 질렀다.

지난 세월 나의 그런 배경들이 모아져
나는 지금 여기에 있다.

그랬다.
나는 나만 왜 이래야 되냐고 세상을 향해
소리를 질렀지만 세상은 하나도 변하지 않았고
앞으로도 변할 것이라는 생각은 들지 않는다.

유교적 성향이 강했던 나는
나의 그 선비적 기질을 과감히 펼치며
지난 시간도 앞으로도 세상이 변하지 않는 것처럼
나 자신도 변함없이 표현하며 살 것이란 생각이 든다.

다만,
나를 위해 세상을 향해 소리를 지르고
또 글을 쓴다 해도
그것은 공염불空念佛에 불과하다는 것은
확실하게 깨달았다.

그래서 내게,
나 자신을 위함이 아니라 다른 사람을 위한 표현,
즉 타인을 위해 말을 하고 글을 쓰라는
가르침을 주신 주님에게
무한한 감사와 영광을 돌릴 수밖에 없다.

'가르침을 주신 주님에게
무한한 감사와 영광을 돌릴 수밖에 없다.'

인간이 가야 할 길

보통 사람들도 다 느끼는 것이지만
고전, 특히 중국의 고전은
인간의 도리道理를 여러 갈래로 해서
강조하고 있다.

쉽게 말하면, '이렇게 해라 저렇게 해라
그래야 너는 이렇게 저렇게 될 것이다.'이다.

중국 역사와 문화를 지리적 여건상
수용할 수밖에 없었던 우리나라도
그 유교적 분위기는 절대 무시할 수 없을 것이다.

그래선지 학창시절,
도덕이나 윤리라는 과목 등을 통해
그 뉘앙스가 무조건 옳다고 배웠던 까닭에
그것은 돌멩이가 되어
나의 머릿속에서 굴러다니고 있었다.

인간에게 인간의 참 길을 강조하는 것은
어쩌면 당연지사當然之事다.

왜? 나 자신도 너 자신도 우리 모두
인간이기 때문이다.

허나, 어릴 때야 스승이 가르치는 것을
내 의지와 상관없이 받아들였기에
그랬다손 치더라도
지금의 내 나이 정도가 되면
나름대로 그 옳고 그름을 약간은
분간할 정도의 눈과 마음은 생기는 것 같다.

인간의 도를 가르친 그 당시의 사람들을
내가 겪어보지 못해서 왈가왈부할 순 없지만
그들은 우리보다 좀 더 공부했던 사람일 뿐이다.

인간은 자신이 공부한 것을 자기 나름대로
발표하는 것일 뿐 그 이상도 그 이하도 아니다.
단지 열심히 공부해서 발표한 그 내용을
다른 내용보다 상대적으로 많은 사람이 고개를 끄덕인 것일뿐.

오직 인간이 가야 할 길을 정확히 제시한 것은
아무리 살펴보아도 그 책 한 권 이외에는 없다.
바로 그것이 성경이다.

내 머리 속에서 굴러다녔던 돌멩이가
돌덩이나 바위로 더 커지지 않은 게
천만다행千萬多幸이다.

간절히 소망해 본다

내겐,
다른 사람들이 각자의 눈과 스타일에 따라
가장 큰 장점이자 단점으로 보는 게 하나 있다.

그것은 '기초와 기본이 없는 생각과 일'은
행하지 않는다는 것이다.

어떤 사람은 그런 나를 두고 고집이 세다고 말하고
또 어떤 사람은 융통성이 없고
변화가 없다고 말하기도 한다.
물론 흔들림 없는 자세를 보며 장점이라고
말하는 사람도 있다.

세상을 창조하신 분이 몇 십억의 인간 중의 하나로
그런 성향性向으로 만드신 이유나
나와 다른 성격과 다른 스타일로 만들거나
삶의 기본 가짐과 방향을
제각기 좋아하고 추구하는 것을 따로 만든 것은
분명히 그 이유가 따로 있다고 본다.

나와 너 우리는 그것을,
자신들의 그릇의 크기에 맞게
창조주를 위한 삶을 살게 하기 위한 목적이 있을 것으로 짐작한다.

나는 그런 참된 진리를 이제야 알게 된 것을
창조주에게 감사하며
지난 세월 동안 나와 다르다는 이유로
내게 욕을 먹고 정죄당했던 사람들에게
이 글을 통해 사과한다.

혹여 나와 비슷한 사람들이 있다면
이제야 알게 된 그 참된 진리를 알았으면 하는 마음을
간절히 소망해 본다.

'우리는 그것을, 자신들의 그릇의 크기에 맞게 창조주를 위한
삶을 살게 하기 위한 목적이 있을 것으로 짐작한다.'

그 가짐은 포기했다

어릴 적,
철학哲學과 문학文學을 놓고
나의 미래를 생각하며 혼자 고민한 적이 있다.

학창시절 일기장을 보면
그 두 가지를 놓고 번갈아가며 기록했던 나를 본다.

철학과 문학은 여러 가지 공통점이 있는데
그중의 하나는 '생각을 해야 한다'는 것이다.
생각하는 것에 따라
이상주의냐 허무주의냐
유물론이냐 유심론이냐 등
철학의 한 부류를 택하여야 하고
생각한 것에 따라 시나 소설,
아니면 어떤 문체를 써가며 글을 써 나갈까 하는
선택을 한다.

둘 다 나의 선택이 요구된다.
나의 자라온 환경이나 배움 기타 등등으로
선택을 하게 되지만

나는 고민만 했지 그 모든 것을 다 포기했다.
왜 포기했는지는 땅 밑으로 숨기고 싶다.
포기했던 이유 중 하나인 남을 탓하는 것도
이젠 바보짓이라 여겨져서
이미 저 하늘로 다 날려버렸다.

다만 철이 들어 알게 된 것은,
선택을 요구하는
철학과 문학을 하는 것은
꼭 남에게 드러내 보이지 않고도
할 수 있다는 것이다.
'남에게 보이기 위한 그 가짐은 포기했다.'
란 말이다.

아니, 지금 내가 생각하는 것이 철학이요
지금 내가 쓰는 것이 문학인데
난 무엇을 선택하려 했고 보이려 했었는지….

나는 철학과 문학을 하려는 마음을 따로 갖고 있지 않다.
지금도 그것을 하고 있기 때문이다.

그래서 내게 그런 귀한 깨달음을 주신 주님께
이렇게 한없이 작아지고
무조건 고개를 숙이고 있는 것이다.

스스로 삼고 있는

박학博學은 널리 배우다
심문審問은 자세히 묻다
심사深思는 깊이 생각하다
명변明辯은 분명하게 판단하다
독행篤行은 독실하게 행동하다
중국의 고전 대학大學에서 가르치는 내용이다.

유교 사상을 흠모했던 나는
위 내용을 토대로 정도正道를
내 인생의 모토로 삼았다.

지난 세월동안 나름대로 지키기 위해
무던히 애를 썼지만
그 결과는 아직도 현재진행형이다.

진행 중에 만나게 된 예수님께서는
나의 사상을 좀 더 넓은 범위로
즉 세상을 바라보는 안목眼目을 크게 해 주셨고
성장하는 도중에 나를 내리고 버리는
가르침과 가리킴도 함께 주셨다.

앞에서 적은 것처럼,
배우고 묻고 생각하고 판단하고
행동하는 것을 처음으로 여기는 내게
그 진행 중에 만나는 사람들은
하나같이 귀하게 여길 수밖에 없었다.

허나 어느 시점부터, 오히려 내가 배우고자
마음으로 그렸던 사람들이 조금씩
내 마음을 불편하게 한다는 것을 알았다.

세상 어떤 사람도 장점과 단점이 있고
우리는 서로 그것을 나누면서
함께 주님의 영광을 위해 사는 것이
가장 중요한 가르침으로 여기고
가슴팍에 함께 새겼건만
같은 것을 배우고 같은 방향으로 걷는
우리네끼리도
그 실천 방법은 다르다는 것을 알았다.

배움에는 끝이 없다는 말을
이럴 때 쓰는가 보다.
아직도 모르는 것이 너무 많아서
배울 것이 너무 많아서
그들을 자신 있게 설득할 수 없음이 답답하다.
모르는 것에는 행함이 따라가지 않는

나의 우유부단함이 여실히 드러나는 장면이다.

단지 나 자신보다
예수님의 가르침을 더욱 많이 배우고
제대로 알고 깨우친 그들이
스스로 해결해 나가길 바랄 뿐이다.
그들이 스스로 삼고 있는 자신의 모토를
실천해 나가길 바랄 뿐이다.

'예수님의 가르침을 더욱 많이 배우고 제대로 알고
깨우친 그들이 스스로 해결해 나가길 바랄 뿐이다.'

적응하지 못하고 있다는 의미

내가 나를 생각할 때
가장 큰 장점은
어떤 프로젝트가 결정되면
해당 자료 등을 나름대로 철저히 준비하여
특별한 일이 없는 한 그 대본을 변경하지 않고
준비된 시나리오대로 움직인다는 것이다.

나의 가장 큰 단점이자 결점은
옳고 그름을 떠나 그 어떤 일도
즉흥적 판단으로는 움직이지 않는다는 것이다.
때론 소극적이거나 우유부단함으로 비쳐서
중요한 사안을 놓쳐 피해를 보거나 발전하는 데
저해沮害 요소가 되기도 한다.

물론 일의 속성이나 상황에 따라
장점이 단점으로 결점이 장점으로
바뀔 때도 있을 것이다.

이 이야기는 아직도 나는
나만의 세상적 스타일에 매여

'교회의 공동체 흐름을 이해하지 못하고
적응하지 못하고 있다.'는 의미와 연결된다.

교회 공동체 일은
나뿐 아니라 모든 인간이 어떤 준비나 계획을
가지고 하는 것이 아니라
성령의 인도에 따라 결정한다고 말한다.
그 말 속에는
강제나 명령으로 행하는 것이 아니라
오직 감동感動과 감화感化로 움직인다는 뜻이
포함되는 것 같다.

아직도 영적인 세계의 흐름에
기꺼이 순응順應하지 못하는 나 자신을 보면서
아직도 갈 길이 멀다는 것을
새삼 느끼는 요즘이다.

'순응順應하지 못하는 나 자신을 보면서
아직도 갈 길이 멀다는 것을 새삼 느끼는 요즘이다.'

새사람이 된 것은

내가, 오늘보다 훨씬
덜떨어진 신앙생활을 할 때
수많은 갈래로 갈라져 있는
교회를 보면서 그 이유가 궁금했다.

물론 지금도 그 이유를 다 안다고 말하지 않는다.
다만 현재의 내 신앙을 기준으로
말하면 이 정도다.

내 의지와 상관없이 세상에 나와 보니
첫 인간의 죄로 말미암아
나는 이미 죄인이었다.
그런데 어느 날,
하나님의 사랑과 계획하심으로
그 죄를 벗어날 수 있다는 걸 알게 된다.
그것은 예수님을 믿게 된 것이다.

예수님을 믿는다는 것은
첫 인간의 죄로 죄인이었던 내가
예수님이 십자가를 지시고 대신 죽으신 순간

죄인의 굴레를 벗어나
새사람이 된 것이다.

새사람이 된 것은,
죄인이었던 내가 예수님과 함께하는 것을
의미하는 것 같은데
우린 혀를 통해 '닮아 가려 노력한다.'라고 하면서도
실상 세상을 살면서는 나를 죽이지 않는다.

세상을 사는 데 나를 죽이지 않는다는 것은
교회 내에서도 똑같이 적용된다.

교회는 목회자 스스로의 말대로
장시간 신학을 공부한 사람부터
초등학문조차 깨우치지 못한 자들이
함께 예배하고 주님의 일을 하는 공동체다.

교회는 한 사람의 주도로 움직이는 단체가 아니다.
교회는 위의 말대로 목회자부터 오늘 등록한
초신자가 함께 움직이는 장소이자 공간이라고 할 수 있다.

그런데 신학을 많이 공부했다고
긴 시간을 신앙생활을 했다고
각기 자기를 주장하는 사람들이 서로 제 잘난 맛에
서로의 아집我執과 독선獨善으로 교회를 움직이고자 하니

갈라지는 모양새가 나온다.

주님의 뜻은 수십 년을 공부했다고
다 알 수 없다.
그리고 안다는 것이나 했다는 것이나
태평양 위의 모래알 정도밖에 되지 않는다.
그 정도의 서로의 앎으로 서로를 경계하고 시기하니
분란이 일어나고 갈라지는 것이다.

그래서 교회의 모든 일, 즉 주님의 뜻을 향한
교회 공동체 일은 혼자 하면 안 되는 것이다.
혼자 하려고 하는 자가 등장할수록
교회는 발전보다 뒤로 후퇴하는 것이다.
비록 늦더라도 서로 함께해야 하는 것이다.

그렇지 못하면 지금 내가 섬기는 교회도
세상 천지에 십자가를 세워둔 그 어느 교회도
주님의 뜻을 잘못 해석하는 것이라고
소슬바람이 내 머리와 가슴을 통해
말하고 있다.

'예수님이 십자가를 지시고 죽으신 순간
죄인의 굴레를 벗어나 새사람이 된 것이다.'

아픈 것을 참아가며

'당신의 글은 어렵고 이해하기 어려워
댓글 달기가 어렵다.'라는 말을 가끔 듣는다.

그 말 속에 숨은 뜻을 거꾸로 풀이하면
'글 좀 쓴다고 자랑하지 말라.'도
포함된 것으로 짐작된다.

수년간, 정확히 얘기하자면
중고시절부터 글에 대한 무한한 사랑을 가졌던 나로서는
내 글의 질을 논하고 뽐내는 것으로 보는 것 같아
약간의 불쾌감이 없는 것은 아니지만
내 자신은 지금도 학습의 연장선으로 보기 때문에
그들의 평가를 무시하고 있다.

아마도 기독교인 중 일부는
예레미야 9장 23절을 잘 알고 있어선지
자신의 글쓰기의 능력과 상관없이
겸손이라는 이름 아래
조용히 자신의 능력을 잠재우고 있는지도 모르겠다.

하지만, 자랑하는 것과 내가 하나님에게서 부여받은 것을
여타 게으름과 핑계로 땅에 묻고 있는 건 다르다.

모든 일이 다 그렇듯
글쓰기도 타고난 재능을 가졌다 해도
부단히 노력을 하지 않으면
더 나은 발전을 가져올 수 없기 때문이다.

나는 다른 글 쓰는 사람들에 비해서
모든 면에서 부족하다.
다만 부족한 것을 그들과 동등한 수준으로
만들어 보고자 틈나는 대로
몸부림치고 있을 뿐이다.

나는 평소에도 생각하는 게 하나 있다.
'자신의 잔재주를 자랑하려 대드는 것보다도
내가 가진 재주가 전혀 없다고 생각하는 것을
더 부끄럽게 여겨야 한다.'고…

나는, 예레미야 9장 23절보다
24절 중반부에 기록되어 있는
'곧 명철하여 나를 아는 것과 나 여호와는
사랑과 정의와 공의를 땅에 행하는 자인 줄
깨닫는 것이라'를 얻기 위해 글을 쓰는 것이지
결코 남에게 자랑하기 하기 위해
눈과 어깨가 아픈 것을 참아가며 쓰고 있는 게 아니다.

누가 누구를

점심을 먹기 위해 발걸음을 옮기는 길에
벌써 떨어진 낙엽들이 바람에 밀려
서로 엉켜 살래살래 춤추고 있는 것을 본다.

수많은 낙엽 중 하나를
살짝 밟아 본다.

아… 얼마나 아플까….

그냥 놔두어도 내일이면
미화원의 빗자루에 쓸려 사라질 낙엽을
나는 무참하게 밟아 버린 것이다.

나도 너도 모든 인간은
낙엽과 하등 다를 게 없는데…
누가 누구를 무엇을 위해 죽이는 건지….

우리네 인생도 이 낙엽의 생명처럼
거기서 거긴데….

우리 인간은 대부분 지금의 나처럼,
질 좋은 밥을 먹기 위해
명품 옷과 가방을 갖기 위해
호화찬란한 차나 더 넓은 집을 갖기 위해
더 높은 자리와 이름을 알리기 위해
알게 모르게 다른 인생을 죽이는 일을
아무런 죄책감 없이 행하고 있다.

지금의 나처럼 거리낌 없이 행하는 자나
혹여 그로 인해 지금 힘들어 하는 자나
낙엽과 같은 우리 인간들은
다른 무언가에 의해 밟혀 가루가 되어 바람에 날리기 전에
예수님을 받아들여야 한다.

예수님은
거리낌 없이 밟고 있는 자의 마음을
용서하여 주시고 변화시켜 주시는 포도주다.
밟혀서 아파하는 인간들에게
처방전을 줄 수 있는 유일한 분이다.
세상사 이런 저런 일로 힘들어 하는
인간들 사이에서 오는 상처를 아물게 해주는 연고다.
인간의 어두운 길을 밝혀주는 등대이다.

예수님을 모른다거나 예수님을 뒤로 하면
우린 저 낙엽과 다를 바 없다.

들길에 핀 이름 모를 잡풀

나를 아는 사람들 중에
겨우 한 끼 점심을 위해 공원길을 걷는 나를
의아스럽게 쳐다보기도 하고
그 이유를 가끔 물어오는 경우도 있다.

이름 모를 다양한 잡풀이 피어 있는 길을 걸으며
사색을 즐기고 그들과 대화를 나누는 것은
일찍 아비를 여의고
평생 몸이 좋지 않았던 어미를 비롯한 가족들과
정을 나누지 못한 아쉬움을 대신했던
지난날 내게 밴 나의 그 과거를
알지 못하기 때문이다.

승진을 하거나 두둑한 보너스를 탔어도
기쁨을 표하지 못했고
하는 일이 제대로 되지 않아 힘들고 괴로워도
어느 누구에게도 그 마음을 표하지 못했던 내게
시간의 흐름 속에 그 장소만 달라졌을 뿐
산과 들은 언제나 벗이자 스승이었던 것이다.

그런 나에게도 이제는
그 어느 것과도 바꿀 수 없는
또 하나의 벗이자 스승이 있으니
그분은 예수님이다.

이젠 잡풀보다는 주님 앞에 엎드려
평생 가슴 속에 숨겨두고 살았던 가시를 내놓는다.
얼마나 외롭고 힘들었기에
하고픈 말을 얼마나 묻고 살았기에
이토록 눈물과 말이 많아졌는지
내가 나를 생각해도 가여울 따름이다.

그런 나를, 주님께서 그토록 오랜 시간을
기다렸다는 것을 알게 되고
이런 나약하고 보잘 것 없는 나를 위해
십자가를 지셨다는 참뜻을 깨닫는 순간
그 죄스러움에 몸 둘 바를 모르겠다.

이 글을 읽는 당신도
자신 안에 꼭꼭 눌려져 있는 자신만의 역사를
주님 앞에 숨김없이 꺼내 놓을 때
나의 단 한 번뿐인 생이 얼마나 행복하게 변화되는지
직접 경험해 봤으면 좋겠다.

인간이 숨을 쉬는 목적과
무엇을 위해 살아야 하는지도 알아 갔으면 좋겠다.
주님은,
예전의 나와 똑같은 당신의 모습을 보면서
안타까움에 눈물을 흘리시며 기다리고 계신다는 것도
알았으면 좋겠다.

'인간이 숨을 쉬는 목적과
무엇을 위해 살아야 하는지도 알아갔으면 좋겠다.'

게으름 피우는 것

내 자아自我로 살던 사람이
어느 날 창조주의 섭리攝理를
티끌만큼 알게 되었다.

창조주가 남긴 말씀을 통해
내 지식이 잘못된 것을 깨닫게 되면서
이렇게 하나하나 글을 쓸 때마다
반성과 회개로 나를 버리고 있다.

내가 가졌던 것을 허공虛空에 던질 때마다
자화자찬自畵自讚도 나오고 때로는
어리석음도 나오고 오해의 불씨도 나온다.

사실, 법도 없이 살았다고 스스로 자부하는 내게
나를 용서한다는 그 음성은
한동안 나를 혼란스럽게 했다.

요즘 내겐, 또 하나의 부정적 느낌이
나를 혼란스럽게 하고 있다.
그것은 글을 올릴 때마다

'꼭 올려야 하는가?'이다.

구태여 내 공간에만 남겼던 것을
여기저기에 올리는 것에 대해 나 자신도
도무지 이해가 되지 않는다는 말이다.

글은, 쓰는 사람도 중요하지만
읽는 사람의 자세도 무척 중요하다.
읽는 사람의 마음 상태에 따라
글의 주제는 얼마든지 벗어나 다르게
움직일 수 있다.

내가 이 공간에 글을 올리는 것은
하나님께서 이 무지한 자를 깨닫게 하여 주시고
체험한 것을 올리는 하나의
간증이자 신앙고백이다.

하지만 요즘은 그 모습이 변하여
가진 재주를 자랑삼는 것으로 도배되는 것 같아
이렇게 글을 쓸 때마다 주저하게 된다.

로댕은 '부당不當한 비판批判을 두려워하지 말라.'
라고 말하면서 내가 표현한 것을 통해
그 어떤 오해나 비판이 일어나도
쓰러지지 말라는 뜻으로

학자나 예술가들에게
자신을 가질 수 있는 말을 했다.
오늘 따라 로댕의 그 말이 생각나는 이유는 뭘까?

가만히 있는 것과 아무 일도 안 하는 것은
점잖고 신앙의 깊이가 있는 것처럼 보일 수 있지만
하나님의 말씀을 전하는 데
게으름을 피우는 것이다.

'하나님께서 이 무지한 자를 깨닫게 하여 주시고
체험한 것을 올리는 하나의 간증이자 신앙고백이다.'

몇 자 적어 본다

지금은 자신 있게 기독교인이라고 말하는 나도
가슴 한편에 숨겨 둔 열등감은 있다.

외가가 절을 운영할 정도로 불심에 의지했고
친가는 끼니를 걱정하면서도 양반 행세를 하는
그런 집안이었던 것이다.

어릴 때,
절에서 여러 번 잠을 잤던 적도 있고
외삼촌과 새롭게 들어오는 외숙모들 사이에서
서로 다른 종교로 인해 집안이 갈라지는 것을
실제 목격하기도 했다.

나는 그런 보이지 않은 열등감으로 인해 나의 신앙이
다른 크리스천보다 더딘 게 아닌가 생각했고
오히려 내가 선택(?)한 이 길이 잘못된 게 아닌가
고민도 했었다.

워낙 세심한 성격이다 보니,
그럴 때마다 크리스천임에도

다른 종교 서적을 들춰보기도 하고
주위에는 무속 신앙인이나 천주교인 등을
지인으로 두면서 그들을 통해
그들이 믿는 종교와 서로 다른 점을
나눠보기도 했다.

그들과 이야기를 나누면서 그들과 나 사이에는
크게 다른 점을 발견할 수 있었는데
특히, '인간의 운명運命을
바라보는 관점.'이다.

'내 힘으로 도저히 어찌할 수 없는 게 있다.'라는
운명이나 숙명을 강조하는 고대 신앙의 속성은
생각하기에 따라 크리스천 사이에도 깔린 듯하다.
분명히 다르다는 것을 그들에게 알리고 싶다.

즉, 무속 신앙(샤머니즘)이나 기독교인 모두
'내 힘으로 어쩔 수 없는 것.'을
비는 대상에게 모두 맡기는 것은 비슷한 것 같으나
전자는 그저 앉아서 기다리는 것이고
후자는 적극적인 자세로 직접 찾아 나선다고 보면 된다.

말 그대로 샤머니즘은,
앉아서 손과 마음으로 그저 빌면서
떨어지는 것을 기다리는 것이고

크리스천은 오히려 내가 가진 모든 것을 바치면서도
몸으로 봉사해야 하고 또 복음까지 전해야
내 힘으로 못하는 것을 해결받는 것이다.

비슷하면서도 엄연히 다른 점을
이 글에 다 담긴 어렵지만
아직도 크리스천 중에도 샤머니즘 속성이
깔려있는 이가 있는 것 같아
안타까움에 몇 자 적어 본다.

그들과 우리의 차이

작은 가게 겸 사무실을 운영하는 내게
이런 저런 사람들이 방문을 한다.

함께 신앙생활을 하는 분들이나
사회 친구들이나 거래처 분들이나
또 내게 귀한 정보를 주겠다고 하면서
찾아오는 분들도 있다.

특히 내게 큰돈을 벌게 해 주겠다는
사람들도 간혹 오는데
나는 그들의 입술을 보면서
놀랄 때가 자주 있다.

그들이 하는 말이나 방법을 보면
어찌 보면 아직도 하나님을 모르는 사람들을
전도하는 방법과
비슷한 점이 많다는 것이다.

그들은 내게, '당신은 융통성이 없고 정보에 뒤져서
시대에 뒤떨어지고 있다.'는 논리를 앞세운다.

돌려 말하면,
융통성과 정보가 있으면 돈을 번다는 말이 된다.

정말 그럴까…
하지만 그들이 놓치는 게 하나 있다.
아마도 큰돈을 벌고 싶어 하는 사람들이 들으면
그 말에 혹하여 나를 바꾸고 싶어 할 것이지만
사람마다 삶의 가치價値를 어디에 두느냐에 따라
그들이 말하는 융통성과 정보의 무게는
달라진다는 것이다.

그들이 나를 자신들의 조직에 들어오라고 하는 것과
우리가 전도하려는 것의 가장 큰 목적의 차이는,
그들은 자신들의 욕심을 위해 나를 오라 하는 것이고
우리가 전도하려는 것은,
죄인인 우리가 오직 주 하나님께 용서받아
지금 살고 있기 때문에
너나 할 것 없이 인간은 주 하나님의 영광을 위해
살아야 하기 때문에 그들을 오게 하려고 하는 것이다.

'인간은 하나님의 영광을 위해
살아야 하기 때문에 그들을 오게 하려고 하는 것이다.'

비록 늦었지만

온통 술집이나 음식점 간판의
네온사인으로 이루어진 이 거리에서
가게를 운영하는 나에게 지금 이 시간은
어쩌면 고독을 느끼는 시간이다.

하루 일을 마무리하면서
가게 밖에 잠시 서면
이미 술에 취한 사람들의 불그스레한 얼굴이나
그들의 입에서 나오는 아름답지 못한
단어들을 본의 아니게 듣게 된다.

연기 속에서 고기를 씹기도 하고
소주잔을 서로 부딪치며
때론 파안대소破顏大笑를, 때론 삿대질을 하는
그들의 모습들을 보면서
나는 살그머니 들어와
거울을 쳐다본다.

미국의 전직 대통령 링컨은,
"사람은 나이 40이 되면 자기 얼굴에 대해서

책임을 져야 한다."라고 말했다.
생각해 보니 내 나이도 그가 말한 나이를
이미 몇 해 지나고 있지만
한 번도 제대로 그 의미를 생각해 보지 않았다.

모 회사 광고에 등장했던 너무도 순수한
아기의 모습이 문득 떠오른다.

나도, 저 밖에서 잔을 기울이는 저들도
그 아기 나이 땐 그랬을 텐데…

링컨의 말에 의하면, 40이 되면,
지난 세월 내 인생의 역사가 주름이 되어
각자의 얼굴에 박혀있다는 말이 되는 것인데…

그렇다면,
나의 마음과 생활 습관 나의 지난 모든 세월이
담겨있는 지금의 내 얼굴을 보는
다른 사람들은 과연 나를 어찌 볼 것인가….

덜컥 겁이 났다.
비록 늦었지만
지금부터라도 내 주님의 얼굴을
머리와 마음에 다시 그리고 새기며
그 얼굴을 닮아가기 위해 노력해야겠다고
결심을 해 본다.

벌레 같은 나 같은 자에게

내가 받고 싶다고 해서 받는 게 아니라
주님이 내가 태어나기도 전에
이미 정하신 것이라 해서
이젠, 거부하는 게 겸손이 아니라 더 큰 교만이라 해서
'하고픈 대로 하셔라'라는 마음으로 바뀌었다.

교회생활을 잘하면
신앙생활을 잘한다는 것으로 보일 수 있지만
세상에 나오면 믿지 않는 자들과
여타 다를 게 없는 내 자신에게도
그런 귀한 직분을 주신다는 것을 깨닫고 나니
수를 셀 수 없는 반성거리만이 온 몸을 감싼다.
내 스스로 생각해도 아니라는 것을 잘 알고
아닌 이유를 수없이 되뇌면서도
'될 대로 되라'는 마음도
수없이 회개하게 하는 것도
주님의 뜻이 아니겠는가…

내가 잘나서 주신 것이 아니라
못났기에 잘해 보라고 주는 것이라 하니

그렇다면 이제부터라도
교회 안에서만 행하는 교회 및 신앙생활을 넘어
내가 거처居處한 곳에서도
어떤 자세로 살아야 하는지
다시 한 번 생각해 봐야겠다.

그런 마음을 들게 하는 것이
주님이 벌레 같은 나 같은 자에게도
귀한 직분을 주신 의미일 것이다.

'주님이 벌레 같은 나 같은 자에게도
귀한 직분을 주신 의미일 것이다.'

오늘도 노력하고 있다

내가 밥을 먹기 위해 운영하는 가게 상호 첫 글자는
바를 정正을 쓰고 있다.

내가 남들보다 앞서거나 아니면 평범하게 살게 되거나
내 후세에게는 '바를 정'과 '길 도'를 써서
정도正道를 가르치려고 했었다.

상호를 정할 때 가장 큰 힌트를 얻은 것 중 하나가
중국의 사서 중 하나인 중용中庸이었다.

물론 그 책을 다 읽은 것은 아니지만
그 책의 제목이나 그 책이 쓰인 목적을
내 스스로 요약하여 만들어낸 것이 바로 '정도'인 것이다.

중용이 세상 사람들에게 알리고 싶은 것은
인간의 참된 길이다.

아마도 나처럼 잘난 척하는 사람들은
그 책의 내용을 여기저기에 잘도 써먹지만
그 내용이 가장 필요한 때나 남들이 보지 않는 곳에서는

그 책의 내용에 역행하는 경우가
너무나 자주 있다는 것을 안다.

어느 날 문득,
그 책의 저자가 누구일까 하는 궁금중이 생겼다.
아니, 그 책을 쓴 사람도 분명히 인간일진데
그는 과연 자신이 쓴 글 내용대로 살았을까 하는
궁금중이 일었다.

나는 단언하건대,
그도 나와 별 차이가 없었을 거라고 생각했다.
왜냐면, 그나 나나 어찌 우리 인간이 그 단어처럼
정확하게 살 수 있겠는가 하는 의심이 생겼기 때문이다.
우리 인간은 잘난 우리 인간이 스스로 만들어 놓은
그런 메시지에서 자유로울 수가 없다.

한 치의 어긋남 없이 살았던 분은
오직 그 한 분밖에 없다.
그래서 나는,
내가 잘난 척하며 걸어 놓은 지금의 간판이나
내가 품어 가르치려 했던 그 단어를 지금은 잊고
그 분을 닮아가기 위해 이 글을 쓰며
오늘도 노력하고 있다.

정해진 대본

세상 시각으로 볼 때
내 자신이 철학을 한다는 것은,
세상의 일반적인 진리를 인정하면서도
나만의 생각을 가지는 것을
의미할 것이다.

나만의 생각을
스스로 공부하며 때론 타인을 통해 배우며
나름대로 내 것으로 정리해 가는 것을
철학이라고 보면 될 것이다.

그러므로 어떤 생각을 하든 무엇을 선택하든
그것은 나의 자유이다.

사람들은 각자 가진 자신의 자유 철학을 가지고
타인과 술 한 잔을 놓고 밤을 새우기도 하고
자신과 너무 다른 상대의 철학을
반박反駁하기 위해 삿대질도 서슴지 않는다.

하지만 우리 각자가 가진 나만의 철학은,

하나님이 우리 인간 각자에게 주신
하나의 선물이라는 것을 잊어선 안 된다.

비록 선택은 내가 한 것으로 보이지만
선택하기 아주 오래전에 이미 하나님은
준비하고 계획하고 어떤 목적을 두고
우리에게 그것을 선택하게끔 대본이
쓰여 있었다는 말이다.

우리 인간 각자는 대본에 있는 대로 행하고 있을 뿐
삿대질을 하면서 상대의 생각을
나와 똑같은 생각이나 이념이나 사상으로
그 대본을 바꿀 순 없다.

내 자신이 세상에 보이기 위한 철학을
아주 접게 된 것은
바로 그 점을 깨달은 그 시점이다.

감히 말하건대,
사람들마다 그 시점은 달리 올 것이다.
그 또한 하나님이 정해 놓은 대본에
이미 인쇄되어 있을 것이다.
다만, 정해진 대본은
모두가 하나가 되기 위한 전제前提 조건에
불과하다.

소금 역할役割

팔팔 끓여서 차려진 사골국물…
보기만 해도 침이 '꿀꺽' 넘어간다.

국물을 떠서 입에 대니
너무 싱거워…

옆에 있던 소금으로 간을 해서
깍두기와 같이 먹으니
맛이 좀 전보다 좋아진다.

소금은 생각하면 생각할수록
우리 인간에게 꼭 필요한 것 중 하나다.

그러고 보니 하나님께서는,
마태복음 5장 13절을 통해서
"너희는 세상의 소금이니…"라고 말씀하셨다는데
음… 그 참뜻은 무엇일까….

방금 내가 맛있게 먹었던 이 국물도
소금을 넣지 않으면 그 맛이 느껴지지 않듯

나 자신도 세상에서 소금 같은 역할을 해야 한다는
말씀인 것 같은데….

"… 소금이 맛을 잃으면 무엇으로 짜게 하리요
후에는 아무 쓸 데 없어 다만 밖에 버려져
사람에게 밟힐 뿐이니라."

세상적으로 말하자면 소금은,
지금처럼 음식에 맛을 내고
귀한 보석처럼 썩지 않는
그저 그 정도라고 생각했고
평소 귀한 줄도 몰랐는데….

하나님께서 우리들 자신을 소금으로 비유해서
말씀하신 것은…
우리 모두 각자가 이 세상에서
소금과 같은 역할을 해야 한다는
그것을 말씀하신 게 아닌가.

그래… 나는… 아니 너도 우리 모두 말씀 후반부처럼
맛을 잃어서 밟힐 순 없지 않겠니?

'우리 모두 각자가
이 세상에서 소금과 같은 역할을 해야 한다.'

다짐을 채운다

톨스토이는,
'진정한 예술은 남편에게 사랑을 받는 아내처럼
유별나게 분장할 필요가 없다.
사이비 예술은 매춘부처럼 언제나 성장을
원하고 있어야 한다.'라고 예술론을 통해 말했다.
아마도 진실한 예술과 사이비 예술을
구별해야 한다는 말 같다.

모 철학자는,
'진실한 예술은 소박하고 가장이 없으며
화려하게 꾸미고 장식하지 않아도 모든 이가 안다.
하지만 사이비 예술일수록
가식假飾이 많고 매춘부가 손님을 유혹하기 위해
짙은 화장과 향수를 뿌리듯 허위와 거짓을 일삼는다.'고
했다.

두 사람의 말을 요약하면,
인생에서 가장 중요한 것은
사물의 진위를 구별하는 방법을
잘 알아야 한다고 말하는 것 같다.

나는 위의 글에 '신앙생활'을 넣어
그 말을 바꾸어 봤다.

"참 신앙생활은 인간 누군가에게 인정받기 위해
행함을 갖는 것이 아니라 오직 주 하나님께 영광을
돌리기 위한 삶을 사는 것이다.
거짓 신앙생활은 인간 누군가에게 인정받기 위해
행하는 것이기에 그가 있을 때는 행함이 있다가도
그가 없을 때는 모든 행함을 정지한다."라고…

참된 신앙생활은,
교회 안에서나 교회를 벗어나서나
나의 모든 거처에서 같아야 한다.

나는 여태 그리 살지 못했던
내 자신을 돌이켜 보며
어느 누가 보든 보지 않든
교회 안에서나 밖에서나
오로지 하나님만을 바라보며 살겠노라고
스스로 이 커피 잔 속에
나의 다짐을 채운다.

'참 신앙생활은 오직 주 하나님께 영광을
돌리기 위한 삶을 사는 것이다.'

올바른 길로 안내하는 것

우리가 어릴 적에
우리보다 더 산 인생의 선배들은
자신만의 지식과 지혜를 토대로
인생을 참되게 살아가는 방법을 가르쳐 주었다.

우리가 좋은 길을 놔두고
나쁜 옆길로 빠지기라도 하면
선배들은 자신이 걸어왔던 경험을 가지고
그 방향을 손가락으로
가리켜 주기도 했다.

하지만 내가 그들 나이가 되다 보니
이런 저런 내가 배우고 살아왔던 그 내용과 길이
완전하지 않다는 것을 알게 되었다.

참으로 혼란스럽다.
나는 우리 인생의 선배들처럼
우리들의 후배들에게 똑같은 길을 걷게 하는 것을
스스로 용납容納할 수 없다는 생각으로
저 하늘을 쳐다본다.

저 하늘 아래 사는 지금의 모든 인간은
때에 따라 각자의 말과 손가락이
다른 사람의 삶을 망가지게 할 수 있다는 것을
깨닫게 된 것이다.

인간을 올바른 길로 안내하는 것은,
인간 각자가 가진 자신만의 식견識見이 아니라
세상을 창조하신 분이 우리에게 말씀하신
그 성경뿐이다.

나는 그 성경을 나의 인생 후배들에게 알리고
그들과 함께 그 말씀대로 살아보고자 노력하겠다는
지금의 마음가짐을 내 몸 깊숙이 스며들게 한다.

'우리 후배들에게 똑같은 길을 걷게 하는 것을
스스로 용납할 수 없다'

내가 고쳐야 마땅하겠지

하나님 말씀을 읽다 보면
나 같은 우매愚昧한 인간은 도무지
이해할 수 없는 구절이 있다.

어찌 나 자신을 창조하신 그분의 높은 뜻을
다 알 수 있겠냐만
아무튼 나의 머리로 이해할 수 없는 구절이
너무 많은 것은 사실이다.

어느 날, "비판받기 싫으면 비판하지
말라"는 취지의 말씀이 내 눈에 박혔다.

나는 개인적으로 가진 성향性向이 하나 있다.
'긍정적 비판批判'을 주고받는 것을 좋아하는 편이다.
그래선지 그 구절을 대할 때마다
가슴 한편이 불편하다.
아마도 나 같은 사람을 경계하기 위해
하신 말씀으로 보이기 때문이다.

사실 비판이란 단어 속에는

부정적 뜻을 담고 있다는 것은 엄연한 사실이다.
하지만 나는 비판을 우리 인간이 발전하는 데
꼭 필요한 것으로 여기며 살아 왔다.
물론 내가 말하는 비판은 긍정과 미래의 발전을 위함이다.
그런데 하나님은 왜 비판하지 말라고
하신 것일까….

나는 문득, 비방誹謗이란 단어를 비판으로
기자들이 잘못 적은 게 아닌가 하는 궁금증이 일었다.

성경에 나오는 단어 하나에도 내 생각을
담을 수 없다는 것이나
내 자아를 버려야 한다는 이유로
입술을 꿰매고 있는 것이
진정 하나님이 원하시는 것일까 하는 생각이
살짝 스친다.

아니야…
전능하신 하나님은 음 하나조차 틀릴 분이 아니니
내가 고쳐야 마땅하겠지…

'비판받기 싫으면 비판하지 말라는 말씀은
나 같은 사람을 경계시키기 위해 하신 말씀이다.'

감히 말하고 싶다

유명한 철학자 마틴 부버는,
"인생人生을 살아가면서 나에게는 한 가지 일이
분명해졌다. 그것은 개방된 마음을 잃지 않는 것이
인간에게 무엇보다도 중요하다는 것이다.
바로 열린 마음은 가장 귀중한 인간재산人間財産이다."
라고 말했다.

여기에 국내 철학자 안병욱은 다음과 같이
덧붙여 말했다.
"열린 마음과 개방 정신은
현대인의 필수불가결必須不可缺의 지성적 덕이다.
개방된 마음의 반대는 닫힌 마음이요,
폐쇄적 정신이다.
마음의 문을 닫을 때 남과의 대화는 끊어지고
외부와의 교통이 단절된다.
여기에서 편견이 생기고 독단이 나온다.
오만이 싹트고 배타심이 일어난다.
완고불통의 아집과 유아독존의 독선이 생긴다.
열린 마음과 개방 정신에서 타인과의 대화가 생기고
서로의 이해가 가능하다."

나는 비록 위 사람들처럼 유명인은 아니더라도
다음과 같이 감히 말하고 싶다.

"현대는 핵가족화核家族化로 진행되다 보니
사람마다 내 것과 내 범위만을 갖고 지키려고 한다.
내 자신이 마음의 문을 닫고 있다 보니
상대가 들어오지 못하고 그 상대 또한
닫고 있다 보니 나 자신도 들어가지 못한다.

하나님께서는 이기적이고 스스로 고립되어 가는
우리 인간을 한동안 지켜보시다가
인터넷이란 것을 주셔서
재능 있는 자를 통해 전해 주셔서
교제와 사랑의 끈을 놓지 않게 하셨다.

인터넷상에 글을 올리고 올린 글에 반응을 보이는 것은
바로 하나님이 우리에게 그것을 실천하라는 메시지인 것이다.
올린 글을 통해 상대의 마음을 읽고 또 반응을 하며
잘못된 것은 서로 고쳐나간다거나
서로의 지식과 지혜를 주고받으며
나의 양식良識을 향상시키는 것은
함께 그런 교제를 통해,
사랑을 나누며 하나님의 나라가
확장되기를 바라는 것
그것은 하나님의 가르침인 것이다."

무엇을 준비하고 계실지

세상 만물萬物은
각기 자기 자리가 있다.

제자리에 있는 것이 사람이라면
꼭 필요한 사람이 되는 것이고
제자리에 있는 것이 물건이라면
필요할 때 사용될 물건이 되는 것이다.

사람이든 물건이든
제때 사용되어야 하는 게
매우 중요하다는 의미로 풀이된다.

특히, 만물지영장萬物之靈長인 사람은
제때와 장소를 구분할 줄 알아야 한다.

예를 들면,
말해야 할 때는 말하지 않고
뒤에서 구시렁거린다거나
있어야 할 때는 있지 않다가
나중에야 그것을 불평하는 것은

상식조차 알지 못하는 무지함을
스스로 드러내는 것이다.

사람이 살다 보면
자신의 뜻과 상관없이
있어야 할 시간과 장소가 정해지는데
그것이 그 사람의 공公과 사私를 구별하는 능력이고
그 사람의 그릇의 크기를 평가하는 방법이다.

자신의 삶이 고단하다 하여
있어야 할 자리에 있지 못하면
사로 인해 공을 뒤로 하는 자이다.

공을 뒤로 하는 사람치고
성공하는 사람은 거의 없다.
왜냐면, 인간의 삶에서 가장 중요한 것은
제때와 제자리를 바로 알고 거기에 맞는
언행을 할 때만이 성공을 이룰 수 있기 때문이다.

아직도 자기가 있어야 할 자리에 있지 않고
자신의 형편과 생각으로
현재 있는 장소에서 미래의 성공을
꿈꾸고 있는 것은
썰물에 쓸려 갈 성을 짓고 있는 것이다.

우리의 주님께서는
금방 허물어질 성을 쌓고 있는
현재의 우리를 바라보고 계실 텐데
앞으로 무엇을 계획하고 실행하실지
그것을 생각하니
두려움이 앞선다.

믿음을 놓지 않고 성장시키는 게

우리의 모든 문제는
창조주 하나님을 뒤로한 데서 비롯된다.

인간은 피조물에 불과하건만
우리를 창조하신 하나님과 동격同格이 될 수 있다는
그들의 유혹에 빠졌고 그들의 조종으로 하여금
너와 나 할 것 없이
삶의 모든 문제 앞에서 예외가 될 수 없는 것이다.

우리를 너무나 사랑하신 하나님은
독생자 예수님을 보내시어
너와 나에게 크고 작은 문제 앞에서 벗어날 수 있는
기회를 주셨다.

우리 중에 빨리 그 진리를 깨달은 자는
그 말씀을 믿고 오늘도 살고 있다.
하지만 그런 자들 중에서는 안타깝게도
실제 행함은 그렇지 못하는 경우가 비일비재하다.

특히 믿음이 초대교회 성도 수준에 미치지 못하는

일부 사람에게 '물질 문제'만큼은
행함을 어렵게 하는 경우가 많다.

물질에 대한 행함이 어렵다는 것은
물질의 소유가 오직 주님 안에 있다는 것을
거부한다는 말이다.

내 자신을 생각하면 아쉽지만
그런 나에게도
핑계거리와 모순矛盾을 안고 있는 논리는 있다.
아직은 '초대교회 성도들에 비해
믿음이 부족하다.'는 것이다.

단지 나뿐 아니라 우리 각자를
각기 다른 모양대로 사용하고 또 하시려는 그 계획을
다 보여주지 않는 주님의 뜻을 제대로 알기까지
믿음을 놓지 않고 성장시키는 게
더 중요할 뿐이지…

'주님의 뜻을 제대로 알기까지
믿음을 놓지 않고 성장시키는 게 더 중요할 뿐이지….'

무엇을 의미하는지

얼마 전, 내가 일하는 근처에
작은 점포를 연 사람이 있다.

광고지를 만들기 위해
알게 된 그 사람은
자신이 그 자리에 가게를 열게 된
사연을 간단하게 말했다.

사정을 알게 된 나는 안쓰러움에
가게에 손님이 뜸할 때마다 찾아가
그 사람의 무료함을 달래 주곤 했다.
하지만 며칠 전 그가 나를 불쾌하게 했다.

내가 불쾌해한 이유는,
나의 마음을 그 사람이 다르게 해석한 데
있는 것 같다.

비록 금액은 얼마 되지 않았지만
갖다 준 음료수가 아까웠다.
사람의 마음을 자신의 해석대로 하는 그에게

긴 시간은 아니었지만
이래저래 마음을 썼던 것이
음료수 값보다 더 아까웠다.

잠시 책상에 앉아 눈을 감으니
주님의 마음을 조금이나마 알 것 같았다.
또 나도 어느새 교만驕慢에 쌓인 사람이라는 것을
깨달았다.

사랑은 거저 주면 되는 것인데
나는 그에게 무언가를 바랐기에 그런
불쾌함을 가질 수 있다는 것을 알았던 것이다.

예수님을 따르는 자는
누가 날 알아주기 위해 하는 것이 아니라
누가 보든 보지 않든 하나님 말씀을 전하고
또 그 말씀대로 살면 주님의 빛과 향기가 나는 것인데…

예수님이 십자가에 못이 박히고
그 흘린 피로 다시 살게 된 나는
겨우 몇 시간, 몇 천 원짜리 음료수가 아까워
흥분한 모습을 보이며 오늘도 살고 있다.

주님을 따르는 것이 무엇을 의미하는지
다시금 돌아보고 회개하며 마시는 이 커피가
그래선지 맛과 향이 더욱 달콤하다.

목소리를 높이고 있는 이유

말씀시간에 중고생들에게
"공부를 잘하고 싶니?"라고 물으면
대부분 멀뚱멀뚱 쳐다본다.
'당연한 거 아니겠어요?!' 이런 반응이다.

이어서 공부 잘하는 비결을 알려 준다고 하면
딴짓을 하거나 혹은 졸음과 싸우던 몸과 정신을
바르게 세운다.

"국어를 잘하고 싶으면 국어선생님 말씀 잘 듣고
영어나 수학 점수를 높이고 싶으면
해당 선생님 강의에 집중해야 하며
아침저녁으로 예, 복습을 쉬지 않고 하면 된다.
그러다 보면 과목 하나하나에 높은 점수가 나오면서
공부를 잘한다는 소리를 듣는 것이고
좋은 성적과 뛰어난 실력으로
너희가 원하는 좋은 학교에
진학하게 되는 것이다."라고 말해 준다.

듣던 학생들은 '에이!' 하면서

실소한다.
왜 그럴까?

학생들은 '누가 그걸 모르나요?!'란
너무나 기본이고 상식적인 방법이라 그런 것이다.

그렇다!
우리는 잠시라도 공기가 없으면 생명을 잃게 되지만
눈에 보이지 않는 공기의 중요성은 잊고 살듯
인간이 제대로 살려면 꼭 필요한 게 있지만
그 또한 우리 눈에 보이지 않는다는 이유로
보통 학생들과 같은 반응을 보이기 때문에
학생들이 열심히 공부를 해도 성적이 오르지 않고
우리 각자가 나름대로 인생을 악착같이 살아도
이런 저런 고난과 역경은 없어지지 않고 이어지는 것이다.

인생의 정답은 기본과 상식에 있다.
하지만 우리는 자신의 온전치 못한 지혜와 능력으로
그것을 해결하려 한다.

지금 나는, 어린 학생들에게
그 정답이 기록되어진 책을 코앞에 두고도
자신의 아집我執을 내세워 살아가는
일부 인생 선배들처럼 살지 않기를 바라는 뜻에서
목소리를 높이고 있는 것이다.

나만의 잘못된 욕심일까

교회(외형적 교회를 의미)를 옮기는 분들이
가장 많이 하는 말 중의 하나는
'더 나은, 더 올바른 신앙생활을 하기 위함.'이다.

그들의 논리를 들어보면
나 자신도 충분히 공감共感하는 부분이 많다.

위 내용은 가을 향기가 완연한 요즘,
산책을 할 때마다 갖는
나의 중심 화두話頭다.

주님과 나만의 관계를 통해
주님이 정말 원하시는 신앙생활을 하는 것은
우리 믿는 자들의 몫이라는 것은
말이 필요 없는 중요한
우리의 마음가짐일 것이다.

하지만 나는 그들의 언어에
반문反問하고 싶은 게 있다.
아니 나 자신도 아직 정확하게 모르기 때문에

그들 앞에선 입술을 꿰매고 있지만
나 자신에게만은 필히 적용하고 있는 게 있다.

나는 아주 오랜 전에 어느 책에선가
교회가 '주님의 몸'이라는 것을
지은이의 서론, 본론, 결론을 통해
머리와 가슴에 각인刻印시킨 게 있다.

지은이는 주님이 가시기 전에
제자들에게 떡을 떼어주면서
이 떡은 '내 몸'이라고 말씀하신 구절을 두고
떡은 떼기 전에도 떼어서 여러 명이 나누더라도
떡의 본질은 그대로라는 것을 말했다.

우리는 어차피 하나의 떡에서
조각으로 나누어졌을 뿐
같은 떡이므로
이러쿵저러쿵 아무리 한들 동질同質이라는 것이다.

나는,
교회를 주거지 이전이나 아주 특별한 경우가 아니고
조각난 같은 떡끼리 서로의 크기를 재다가
나타난 문제로 옮기는 것은
그 문제의 원인이 외형적인 교회에 있다기보다는
자신에게 있다고 본다.

내 중심의 신앙생활에서
티끌만큼이나마 주님의 곁으로 가려던 찰나에
함께하다 내 앞에서 사라지는 그들을 생각할 때마다
'주님의 형상으로 지어진 인간이
여타 이유로 각자 다른 인간의 모습으로 움직이며
교회의 크고 작은 지체로
하나가 되어가는 모습을 통해
홀로 영광을 받으시고 싶어 하는 게 주님의 마음일
것 같다는 말을 해 주고 싶은 건
나만의 잘못된 욕심일까.

'하나가 되어가는 모습을 통해
홀로 영광을 받으시고 싶어 하는 게 주님의 마음이다.'

선택은 내가 하는 게 아니다

사람들과 이런 저런 이야기를 나누다 보면,
제각기 다른 얼굴을 가진 것처럼
삶 또한 단 하나도 같은 게 없다는 것을 알게 된다.

요즘 대화 중 내 입술을 통해
가장 많이 나오는 단어는 '선택'이다.
우리는 태어남과 죽음 사이에서
이런 저런 선택을 하면서 살고 있다.
내 자신이 어떤 것을 선택하는가에 따라
우리의 내일이 결정된다.

우리는 상대에게 내 기준에 따라
가야할 길이 A라고 말한다.
B라는 길로 잘못 걸음을 옮긴 상대에게
그 방향을 돌리라고
충고나 권면勸勉을 하게 된다는 말이다.

내가 멘토라 하여 충고나 권면을 할 때는
조심해야 할 게 하나 있다.
그것은 내 지식을 기초로 하는 것이 아니라

세상 만물을 창조하신 하나님 말씀을
기준 삼아야 한다는 것이다.

우리 눈에는 보이진 않지만
분명히 존재하는 것이 세상에 너무나 많은 것을
알고 있고 믿고 있는 것처럼
하나님은 우리 눈에 보이지 않지만
분명히 살아서 존재하신다.

내게, 하나님 말씀 안에서 방향을 바꾸어야 한다는
메시지가 우연이든 필연이든 다가오면
우리는 온몸으로 받아들여야 한다.

선택은 내가 하는 것 같지만 내가 하는 게 아니다.
태초부터 준비하신 나에 대한 주님의 역사이고
이제 때가 되어 나 자신을 선택하신 것이다.
주님을 만나고 영접하면
우리의 인생이 달라지는 이유가
바로 그것이다.

'선택은 내가 하는 것 같지만 내가 하는 게 아니다.
태초부터 준비하신 나에 대한 주님의 역사이다.'

믿지 않는 자들의 초기 증상

믿지 않는 자들의 초기 증상엔
다음과 같은 게 있다.

'내 자신의 세상적인 성공은
목적과 목표를 가슴에 품고
나의 지식과 경험으로 열심히 뛰면
그게 무엇이든 이룰 수 있다!'

시간이 흐르다 보면,
열심히 살았던 지난 세월에 대한 결과물이
자신의 원하던 것과 차이가 나는 것을 알게 되고
그로 인해
현재의 삶이나 미래가 불투명해지면서
낙담落膽하게 된다.

낙담이 이어지면 번민煩悶하게 되는데
반복된 번민은,
스트레스나 우울 등 정신적인 문제로
이어진다.

정신적인 문제는 필연적으로
육신의 질병과 직결된다.

밤마다 세상과 남을 탓하며
오늘의 답답함을 달래기 위해
술과 담배, 마약 등 쾌락을 좇게 된다.

정신과 육신의 균형이 깨지기 시작하면
그 순간부터 절망이나 회의懷疑 등
타인의 눈에도 불편할 정도의 장면이
연출된다.

균형이 심하게 흔들리면,
자신의 그릇에 따라
이런 저런 방법으로 생명을 꺾는 경우도 있는데
그것이 자살 충동에서 멈추면 다행이겠지만
죽음으로 이어진다면 어쩌면
예정된 순서로 볼 수 있다.

여기서 죽음은 정말 무서운 것이다.
바로 지옥 가는 직행 열차에 내가 있기 때문이다.
하지만 그나마 나만 지옥으로 가면 다행이지만
나로 인해 남겨진 가족들의 삶은
어두운 구렁텅이로 빠져든다거나
나와 똑같은 전철을 밟는 경우가 대부분이다.

나는 이 글을
내가 알고 있는 최대한 절제된 언어를 사용해 썼다.
너무나 평이平易하여 믿지 않는 자들의 가슴에
화살이 될 수 없을 수도 있다.

다만, 나 같은
별로 배운 것도 없고
잘난 것도 없는 사람의 말이라 하여
무시할 것 같아 약간의 우려는 있다.

하지만 인간을 구원하신 예수님이
당시 배경 좋고 많이 배우고 잘난
사람들을 다 뒤로하고
무식한 사람들만을 제자로 삼은 것은
자신의 똑똑함으로 스스로 교만한 자들은
참 진리를 잡으려 하지 않는 것을
잘 알고 계셨기 때문이다.

이 글을 읽는 사람 중에,
아직도 예수님을 몰라도
자신의 현재의 삶이 형통의 줄기에 있는 사람들은
곧 닥칠 곤고困苦함을 너끈히 이겨내기 위해서라도
이 순간, 무엇을 해야 할지 꼭 알기를
진심으로 바라는 바이다.

믿지 않는 자들은 이렇게 바꾸어 보자.
'나는 이 글을 읽고 있는 이 순간부터
예수님을 믿겠습니다.'

내 입술로 시인하는 순간, 앞의 글은
당신의 얘기가 아니라는 것을 알게 된다.

'나는 이 순간부터
예수님을 믿겠습니다.'

다음에 만나면

하나님의 계획과 섭리攝理를 이해하지 못하고
자신의 위치에서 최선을 다하며 열심히 사는
나보다 나이가 적은 친구에게
'공만 차려고 나오지 말고 예수님을 믿고
교회도 나와라.'라고 말했다.

보통 사람들이,
현재의 자신의 삶이 무난할 때에는
자신의 능력을 믿기 때문에
하나님의 존재를 무시하지만
살다가 어려운 일이 닥쳐서
도저히 자신의 힘으로 이겨낼 방법이 없으면
그때서야 하나님 앞에 무릎을 꿇는 경우를
예를 들어 설명하면서
그런 일을 닥치고서야 신앙생활을 하는 것보다는
지금 잘 나갈 때 오히려 주님을 만나면
하나님이 당신을 더욱 축복하시리라는 말을
해 주었다.

그가 돌아간 뒤, 잠시 생각해 보니
빼먹은 말이 있다는 것을 알았다.

'주님을 만나더라도 우리의 삶은
말처럼 쉽게 형통의 길을 걷는 건 아니다.
교회를 잘 다녀도
신앙생활을 나름대로 열심히 해도
우리의 삶은 결코 만사형통萬事亨通 대로만을
걷는 건 아니다.'

제자들이, 우리를 구원하신 예수님과
배를 타고 함께 이동하던 중에도
큰 풍랑이 앞을 막자
편히 잠든 주님 앞에서
죽음이 두려워 혼비백산魂飛魄散하는 것을 보면
'우리가 예수님을 잘 따르고 있다 하더라도
믿지 않는 자와 실제로는 별로 다를 게 없다.'란
결론을 개연할 수 있다.
그렇다면 무엇이 다른 걸까…

강풍과 큰 파도에 흔들리는 배 위를 상상해 보니
제자들은 정말 긴박한 상황에서는
예수님께 지금의 위기를 면하게 해 달라고 눈물로 청하고
예수님은 비록 우리의 자세를 두고 질책하시면서도
풍랑을 잠재워 주신다.

'믿는 자와 믿지 않는 자의 차이는
그 작은 차이에 있는 것이다.

믿는 자는,
비록 믿음의 강도는 각기 다를지언정
곤경困境에 처할 때는 마지막에라도 주님을 찾아 부르짖어
자신의 생명을 유지하지만
믿지 않는 자는,
배가 가라앉는 백척간두百尺竿頭에도
배 위에 가득찬 물을
자신의 작은 두 손바닥으로 퍼내고 있을 것이다.'

다음에 만나면 꼭 말해 주어야지…
축구를 하러 나오는 것도
자신의 뜻이 아니라
주님이 계획하고 부르신 것이라고
말해 주어야지….

'자신의 뜻이 아니라
주님이 계획하고 부르신 것이다.'

곪고 썩게 하는 것

사람은 크게 두 가지 방향 중 하나에 초점을 두고 산다.
신플라톤주의 철학과 기독교를 결합하여 중세 사상계에
큰 영향을 주었던 아우구스티누스는
'향외적向外的과 향내적向內的'이란 말로
그 방향을 표현했다.

말 그대로 '외부 즉 바깥쪽을 지향하는 사람과
내부 즉 자신의 가진 사상이나 이념 등을
향상 시키려는 사람'으로 보면 될 것이다.
전자를 정치, 경제 등의 높은 자리로
후자를 철학이나 예술, 종교 등으로 향한다고 보면
쉽게 이해될 것이다.

아우구스티누스는 두 방향을 두고
인생의 진리를 외부에서 찾지 말고
내부에서 찾으라고 했다.

곰곰이 생각해 보니
참으로 옳은 말이라고 생각한다.
대체로 외부 지향적인 사람들은

자신의 뜻과 상관없이 다른 사람들을 이겨야
높은 자리에 오를 수 있다.
하지만 후자를 지향하는 사람들은
반대인 것을 보게 된다.

철학이나 예술이나 종교 등 그 방향에서
성공한 분들은 모두가 자기의 내적 성찰省察을
이룬 분들이기 때문이다.

외부 지향적인 사람들은
눈에 보이는 장면에선 화려함에 눈이 부시지만
그 속은 자기의 주체성主體性도 없고
텅 빈 공허空虛함 속에서
금은보화를 등에 지고
황폐한 들판을 걷는 자의 모습이다.

사람은 내적인 충실함에 노력할 필요가 있다.
오늘도 하루 끼니를 위해
내일 남들에게 보여주어야 할 화려함을 위해
나의 내적인 성장을 뒤로 하고 노력하는 것은
사막 한복판에 지어진 고래등 같은 집과 무엇과 다를까.

사람은 내적인 충실함에 전력해야 한다.
나의 내적인 공간에 하나님의 말씀으로
지금부터라도 채워나가야 한다.

그것이 우리가 사는 목적이며
우리를 창조하신 분이
진정 원하는 것이기 때문이다.

지금 내가 입고 있는 최고급 옷가지들
멋진 디자인을 뽐내는 건물들
한 끼 수십만 원씩 하는 음식들
인간의 눈으로 금이다 은이다 다이아몬드다 하는 보석들
그런 나의 외적인 삶을 포장해주는 포장지는
우리의 내적인 삶을 곪고 썩게 하는 것이라는 것을
그 분의 말씀이 담긴 저 책이 말해주고 있다.

'우리가 사는 목적이며 우리를 창조하신 분이
진정 원하는 것이기 때문이다.'

대신 제대로 전해주었으면

나와 아들은 한쪽에 앉아 기도를 하고
다른 형제들은 술잔을 들어 올렸다 내렸다, 한다.

오늘은 항상 바쁘게(?) 사는 나로 인해
만나지 못했던 모든 형제가
어머니 기일忌日이 되어서야 만났다.
일 년에 서너 번 만나는 가족이었지만
돌아오는 도로의 가로등은 여전히 어둡다.

형님은 몸이 좋지 않아 병원을 자주 찾는단다.
아래 여동생은 남편의 문제로 한동안 힘들어했고
막내 여동생은 얼마 전 신랑과 헤어지고
하나밖에 없는 아들과 살고 있다.
남동생은 어느 덧 나이가 삼십대 후반인데
아직도 사업이 바쁘다는 핑계로
후세를 뒤로 미루고 있단다.

마음을 돌려 내 차의 전조등이 밝힌 앞을 바라봤다.
형님이, 군에 간 아들이 상관들에게 칭찬받으며
생활을 잘하고 있고 대학에 진학한 딸이

다행히 객지에서 야무지게 보내고 있단다.

여동생의 딸은 명문 E여대를 갈 실력이었는데
눈을 낮춰 S여대로 돌려 염려했는데
캠퍼스 생활을 얼마나 잘하는지 기특하단다.

막내는 이번에 자신의 노력으로 일등을 해서
보너스까지 받았다고 자랑하고
아들이 엄마를 생각하는 마음이 대견스럽단다.

철없다고 생각했던 남동생은 이젠 했다 하면
사장이고 이사고 얼마 전에 강남에 넓은 평수의
집까지 샀단다.

모두가 다 제 살 길을 찾으며 열심히 사는
내 가족이다.

오늘은 시간에 쫓겨 그들에게 복음을 한마디도
전하지 못했지만
그들은 내가 입술만 열면 하나님 말씀이고
교회 이야기만 하는 사람이란 것을 잘 안다.

아직은 나의 말에
'알았어. 갈게'만 반복하는 나의 가족들…
'외삼촌하고 ○○이는 왜 절 안 해?'라고 묻던

조카에게 그저 미소로만 답해주었던 나…

깨달아 가는 하나님을 향한 마음과 그 진리를
그들의 근처에 사는 성도들이
내 대신 제대로 전해주었으면 좋겠다.

'하나님을 향한 마음과 그 진리를 그들의 근처에 사는
성도들이 내 대신 제대로 전해주었으면 좋겠다.'

주님의 계획하심의 시작

예배를 마치고 본당 앞에 있는데
모 집사가 자신의 형제들과
함께 나오는 모습을 보면서 미소를 감추지 못했다.

세상에서 자신 뜻대로 살다가
죽음을 바로 앞두고 예수님을 만나고 살아난
바로 아래 동생 덕분에 아니, 주님의 계획하심으로
저 형제들은 모두 예수님을 믿게 되었다.
순간 어제 일이 문득 떠올랐다.

추석은 다가오는데
결정을 못해 이러지도 저러지도 못하는
우유부단한 내게 내 자신도 짜증이 났다.

형제들과의 사이를 고려하여
일단 내려가고 볼까 하는 마음과
내려가게 된다면
그 다음은 예상되는 갈림길에서
바로 앞 학교 트랙을 수없이 돌기만 했던 것이다.

아직 주님에 대한 믿음을 알지 못하고
믿음을 갖게 되면서 가야 하는 그 길을 이해하지 못하는
나의 형제들은
아마도 각각의 기준에 따라 이야기할 것이다.

오늘까지 내 기억엔
명절과 부모님 기일은
한 번도 빠지지 않고 참석했으며
크든 작든 빈손으로 간 적이 없다.

사람들은 지난 과거에 대한 기여는 쉽게 버리지만
현재의 서운함은 긴 시간 동안 잊지 않는다고 한다.
내가 결코 미워할 수 없는 나의 형제들도
똑같은 인간일진데 예외가 될 수는 없을 것이다.

그렇지만 세상과 인간을 창조하시고
지금도 살아서 나와 내 형제들을 돌보아 주시는
주님의 은혜와 사랑을 생각하니
여태 쌓아온 그 어떤 것보다, 형제들의 눈보다
무엇이 우선인지를 다시 한 번 결단하게 된다.

마침 그때, 형에게서 전화가 왔다.
결단 후 이어진 형의 음성은
동생의 무거웠던 마음을 새털처럼 가볍게 했던 것이다.

우리가 믿게 되고 또 알아가는 것은
동전의 앞이냐 뒤냐 같은 순서의 개념이라기보다는
함께하는 의미가 더 강하다.

믿는 순간부터 알게 되는 것은
지켜야 할 기본이고 상식이다.
믿는 이들이 기본과 상식을 벗어나는 것은
믿지 않는 것과 별반 다르지 않다는 말이 된다.

오늘 내게 걸려온 형의 전화 한 통은
나의 형제들도
모 집사의 형제들과 같은 아름다운 모습으로
조만간 다른 이들의 눈에 보일 것이고
주님이 그리하실 것이라고
확신한다.

'조만간 주님이 그리하실 것이라고
확신한다.'

웃으며 타자를 치는 것은

지인이,
하는 일을 통해 돈 버는 방법을 찾는 것보다
틈만 나면 책 읽는 것과 글 쓰는 것을 더 좋아하는
나를 보면서 혀를 끌끌 찬다.
물론 그분 입장에선 그 반응이 옳다고 본다.

모니터 앞에서 숫자가 올라가면 환호하고
내려가면 한숨짓는 그를 가엽게 바라보는
내 눈도 내 입장에선 옳다고 본다.

그도 나도 세상 모든 사람은, 각자 자신의 눈과 기준이
맞는다고 생각할 것이다.

하지만 냉정히 판단해 보자.
열심히 산다 해서
내가 가지고 싶은 것을 다 취한 자가 있을까
그나 나나 부모를, 나라를
내 마음대로 선택하지 못했고
성공도 죽음도 선택하지 못한다는 것은
어린 아이가 아닌 이상 다 알고 있을 것이다.

사람이 어디에서 오고
무엇을 위해 살아야 하며
또 어디로 돌아가는지도 모르면서
설령 돈과 명예와 권력을 가졌다 한들
가진 것과 영원할 수 있을까.

아직도 동물이 발전하여 인간이 되었고
열심히 일하고 저축만 하면 부귀富貴를 이룰 수 있고
귀인을 만나면 권력과 명예도 가질 수 있다는
자신의 생각과 기준을 믿고 있는가.

내가 돈 버는 방법을 궁리할 이 시간에
침침한 눈과 아픈 어깨로
웃으며 타자를 치는 것은
이 글을 읽는 자 중에 단 한 명이라도
각자 가진 인생에 대한 오답誤答을
오직 하나의 정답으로 가르쳐 주신 분과
그 방향을 안내해 준 성경을 통해
꼭 수정하였으면 하는 마음 때문이다.

'웃으며 타자를 치는 것은
꼭 수정하였으면 하는 마음 때문이다.'

어디에서 나와야 하는가

대화를 나누다 보면,
상대가 지금 하는 말이
머리에서 나오는 것인지
아니면 가슴에서 나오는 것인지
조금은 분간分揀할 정도의
나이는 먹은 것 같다.

머리에서 나오는 것을
진심인 양 침을 튕기는 상대를 보면
예전의 나를 보는 것 같다.

머리에서 나오는 감동을 주지 못하는 말은
그저 바람에 나부끼는 먼지에 불과하다.

먼지 같았던 말을 허공에 뿌렸던 내가
말은 가슴에서 나와야 한다는 것을
깨우쳐 준 창조주로 인하여
지금의 나는 말을 할 때
머리가 아닌 가슴으로 하려고
나름대로 노력한다.

그렇다!
하나님의 말씀은
인간의 가슴을 변화시키는
놀라운 마력魔力과 기적이 있다.

사람의 힘으로는 도저히 할 수 없는 것을
하나님의 말씀은 다 이루어지게 한다.

내 가슴을 청명清明하게 하고
내 가슴을 바다처럼 산처럼 하면서
하는 말에 상대가 감동하듯
하나님의 말씀은 그것을 배울 수 있는
모든 방법이 성경에 제대로 기술되어 있다.

아마도 독일의 시인인 괴테가
"사람을 가장 감동시키는 것은 그의 가슴 속에서
나오는 말이다."라고 말할 수 있었던 것은
바로 하나님의 말씀을 통해 배운 것을
후세에게 전한 듯하다.

말은 머리에서 나오는 대로 하는 것이 아니라
가슴에서 나와야 한다.

'하나님의 말씀은 그것을 배울 수 있는
모든 방법이 성경에 제대로 기술되어 있다.'

새벽이 빨리 오기를 바란다면

의족을 끼고 마라톤을 완주한 사람에게
기자가 인터뷰를 청했다.

"불편한 몸으로 건강한 사람도 하기 힘든
마라톤을 왜 구태여 하는가?"

그는,
"하나밖에 없는 어린 아들이 나로 인해
절망하지 않게 하기 위해서다!"라고 답했다.

절망絶望은,
우리 인간을 가장 처참하게 무너뜨리는
가장 무서운 적이다.

절망은,
모 철학자의 말대로
어리석은 자의 결론이고 약자의 결론이다.

방안에 등불이 꺼지면 주위가 어두워지듯이
내 마음에 희망이 사라지고 절망이 채워지면

나의 주위 사람들까지 영향을 받는다.

의족을 끼우고 달리던 그 사람이
남들보다 순위에서 뒤처진 것보다는,
그가 마비되어 가는 자신의 허벅지를
문지르고 다시 일어나는 칠전팔기七顚八起의
정신을 보인 것은
아들에게 희망을 보이기 위해서다.

요즘 주위에는 그런 마음가짐이 필요한 사람들이
너무 많은 것 같다.
이 밤이 아무리 어두워도 반드시 새벽은 오듯이
우리네 인생도 마찬가지다.

새벽이 빨리 오기를 바란다면
우리 가슴을
예수 그리스도의 가르침으로 채워야 한다.

'우리네 가슴을
예수 그리스도의 가르침으로 채워야 한다.'

완전하게 충전해 주실 수 있는

매년 이맘때면,
가을 향을 유난히도 좋아하는 사람이라
차를 두고 한적한 인도나 공원길로
출퇴근한다.

특히 가을의 아침 공기는
대여섯 평 공간에서
온종일 앉았다 일어났다 하는 내겐
하루를 이겨내기 위한 에너지로
손색이 없다.

오늘도 예외 없이
그 인도를 따라 출근하는데
오늘만큼은 메스꺼움의 연속이었다.
이유는, 이십 여분 걸리는 도보 거리에서
토한 음식물을 세 번이나 보았기 때문이다.

여기저기 코스모스가 피어 있고
이름 모를 잡풀들도
제각기 포즈를 취하고 있는 그런 한적한 길에

누군가가 자신의 장에 있던 것을
토해낸 것이다.

내가 사는 이 동네
불과 몇 미터 앞은
술집을 포함한 유흥업소가 즐비하다.

낮에는 정적靜寂이 감돌다가
도심에 어둠이 깔리는 시간만 되면
나이 지긋한 할아버지부터 어린 학생들까지
차고도 넘친다.

바로 그들 중에서
이 아름다운 거리에다 자신의 불순물을 버리고
어딘가에서 지금도 세상모르게
잠을 자고 있을 것이고
잠이 깨고 또 저녁이 되면 똑같은 순서를
밟을 것이다.

술은, 순간적인 스트레스나 가라앉은 기분을
달랠 수 있지만
자신 내면의 쓴 뿌리는 달랠 수 없다.
그것을 뽑지 않고는
귀한 자신의 육신만을 고달프게 하고
차츰 흙과 가까워질 뿐

아무것도 해결할 수 없다.

가을 향기가 물씬 풍기는 이 아침,
내 지인들만은
찰나적인 해결책인 술과 거리를 두고
우리의 영혼을 완전하게 충전해 주실 수 있는
우리 주 예수 그리스도를
마음으로 받았으면 좋겠다는 생각이
간절할 뿐이다.

'우리 주 예수 그리스도를
마음으로 받았으면 좋겠다는 생각이 간절할 뿐이다.'

어린 아들에게도 그 길을

하나뿐인 아들이 중학생이다.

내가 지금의 아들과 같은 나이일 때
내겐 초등학생 5학년과 3학년
그 밑에 또 하나의 동생이 있었다.

어느 새벽녘,
바로 밑 여동생이 잠을 자지 못하고
칭얼대며 울었다.

나는 깜짝 놀라 이불 속에서 나와
우는 동생을 달래려고 불을 켰다.
동생은 머리를 긁으면서
울기만 했다.

헌데 나는 까무러칠 뻔했다.
동생의 머릿속에 참깨 크기의
까만 이들이 득실거렸던 것이다.

얼른 참빗을 찾아 머리를 빗어주자
동생은 울음을 멈추고 곧 잠들었다.

두어 평 남짓한 방에서
세 명의 동생이 아빠, 엄마 없이 잠을 잘 때
나는 혼자 눈물로 다짐했다.

우리를 낳기만 하고 일찍 돌아가신 아버지나
몸이 아프다는 이유로 병원을
들락날락거렸던 어머니처럼
무책임하고 무능력하고 나약한 부모는
되지 않겠다고.

사람들은 하나뿐인 아들 앞에서
왜 더 낳지 않냐 하면서
나이 들어 서운하지 않겠냐고
아들이 성장하면 외롭지 않겠냐는 말로
아무 생각 없이 내게 다음 말을 기다린다.

휴일이라는 핑계로 오랜만에 아들과 방안에서 보내면서
아들이 원하는 것을 해 주지 못하는 데서
당시 내가 생각했던 것을
아들도 생각하고 있겠다는 생각이 들었다.

잠시 아들을 집에 두고
홀로 바깥으로 나왔다.

오! 주여,
이것이 무슨 징조입니까?
지금의 내 모습이 내 부모의 모습과
무엇이 다릅니까?

그렇다!
이것이 나와 너의 문제이고
우리 눈에 보이지 않는
영적인 흐름이고 문제인 것이다.

그나마 이 나이에 그 흐름과 문제를
풀 수 있는 답을 내게 허락하시고
어린 아들에게도 그 길을 걷게 하신
주님의 은혜에 감사할 따름이다.

'이것이 나와 너의 문제이고 우리 눈에 보이지 않는
영적인 흐름이고 문제인 것이다.'

크고 강하게 강조한다

하나밖에 없는 아들은
유난히 운동을 좋아한다.

어릴 적부터 달리기를 잘해서
학교 대표로 여러 번 출전했고
축구는 스카우트 제의가 나올 정도로
재능이 있다는 소리를 들었다.
야구나 농구도
객관적인 눈으로 보기에도 전문 선수를 제외하곤
또래 아이들보다 기량이 월등하다.

아들은 또래 친구들보다
신체적인 조건은 그리 좋은 편은 아니다.
그래서 나는 그런 아들에게
운동보다는 정적인 방향으로 권유했다.
물론 지금은 모든 운동을 취미로만 할 뿐
그 이상도 그 이하도 아니다.

오늘은 아들이
친구들과 함께 야구 구경을 간다고 한다.

평일은 늦은 귀가 때문에
주일은 교회에서 사는 덕분에
다 큰 아들이 좋아하는 것을
함께 해 줄 수 없는 미안함이 있어서
마음으로는 모든 것을 해 주고 싶어서
겨우 지폐 두어 장을 주면서
흔쾌히 갔다 오라고 했다.

나는, 지금의 아들과 같은 나이 때
내 아들처럼 살지 못했다.
학비도 용돈도 벌어가며
학교를 다녀야 했기에
나는 그런 재미를 느껴보지 못했고
나를 응원해 줄 수 있는 아버지가 있는
친구들을 보면 부러워서
홀로 멍하니 하늘만 쳐다보곤 했다.

그랬던 나에 비해
몸과 마음이 씩씩하고 밝은 아들을 보면
괜스레 기분이 좋아진다.

나는 그런 나의 기분을
다 큰 아들의 뺨과 입술을 통해 전달한다.
아들도 그 마음을 아는지
아직까지는 나의 행위를 거부하지 않는다.

이런 얘기를 하면
세상 사람들은 웃겠지만
나는 아들에게 여타 부모처럼 공부해라, 저거 해라를
강요하지 않는다.

다만, 주일 예배드리는 것과
예수님의 이름과 전도만은 크고 강하게 강조한다.
바로 주님의 말씀을 배우는 것과 전도를 통해
인간이 어디에서 왔으며
어떻게 무엇을 위해 살아야 하고
또 어디로 가는지를 알게 되기 때문이다.

오늘 경기도
내 아들이 좋아하는 팀이 이겨서
투수부터 모든 야수의 일거수일투족을
내게 브리핑해줄 그 시간이 기다려진다.

'인간이 어디에서 왔으며 어떻게 무엇을 위해 살아야 하고
또 어디로 가는지를 알게 되기 때문이다.'

지금 우리가 존재하는 것은

독일의 철학자 라이프니츠는
'존재存在한다는 것은 활동活動한다는 것이다'
라고 말했다.
존재를 철학적 의미로 정의하면 무척 길지만
단순하게 생각하면 '실제로 있음 또는 있는 이것'이고
활동은 '힘차게 몸을 움직인다. 어떤 일의 성과를 거두기
위해 애쓴다.'라고 해석하면 된다.

존재에 나를 포함한 인간을 대입하여 보면
인간은 어떤 일을 이루기 위해 노력해야 한다는 것을
쉽게 유추할 수 있다.

또한 일상적인 일뿐만 아니라 신앙생활에서도
적용할 수 있다는 것을 알 수 있다.

신앙생활을 생각해 보자.
내 임의대로 살던 사람이 어느 날 예수님을
접하게 되면서 모든 생활에 변화가 생긴다.

변화의 계기는 사람마다 다르니 그것은 뒤로 미루고

아무튼 변화를 통해
하나님이 세상과 인간을 창조하시고
독생자 예수님이 세상과 인간을 위해 십자가에
죽으신 것을 가장 먼저 알게 되고 인정한다.
즉 내 자신이 그것을 인정하게 되면
가장 먼저 내가 할 일은 그 사실을 아직 믿지 않고
또 어리석고 무지한 자에게 알리는 것이다.

믿는 자 중에서 아직도 내 입술과 내 온몸을 다해
알리지 않는다는 것은
하나님 말씀대로 행하지 않는다는 말이 된다.

라이프니츠의 말을 신앙인들에게 바꾸어 다시 말해 보면,
하나님을 믿는 자들은 지금 존재하는 이 시간에
하나님과 복음을 알려야 한다는 것이다.

내가 이 공간을 통해 글을 올리고 댓글을 달라고
반복하고 반복해서 강조하는 것은
바로 알려야 한다는 것. 즉 활동을 통해
하나님 나라가 확장되는 데 동참해야 하는 의도가
가장 먼저다.

내가 존재하는 것은, 아니 지금 우리가 존재하는 것은
하나님의 말씀을 모든 수단과 방법을 통해 전하는 데
있는 것이다.

지금도 바라보고 계신다

괴테는 주옥珠玉같은 글을 수없이 발표한,
글쟁이들은 보통 다 아는
독일의 유명한 시인이다.

특히 그는 다음과 같은 말로 글쟁이들에게
사색케 하는 동기를 부여했다.

"하늘에 별이 있고 땅에는 꽃이 있고
사람에게는 사랑이 있어야 한다."

난 개인적으로 이 문장을 좋아한다.
왜냐하면, 상식적인 문장 속에 어지간한 철학의 화두나
문학의 소재, 주제 등을 집어낼 수 있는 내용이
깊게 함축숨蓄되어 있기 때문이다.

인간에게 사랑이 없다고 생각해 보면,
과연 우리가 인생의 의미를 어디에 두고 살 건지
막연할 따름이다.

인간의 모든 희로애락喜怒哀樂은
사랑이라는 바탕 위에서 행해지기 때문에
시작과 끝은 사랑이
항상 함께 하여야 한다.

남녀 간의 사랑도,
부모 자식 간의 사랑도, 나라를 위하는 마음도,
내가 속한 모임에 대한 관심도
모든 관계는 사랑이라는 것이
연결고리가 된다.

하늘에 별이 없다면,
땅에 꽃이 없다면,
사람들 사이에 사랑이 없다면….

사랑은 아주 작은 관심과 호기심에서 시작된다는 것
그것을 온전히 시작하는 당신이 되기를
하나님께서는 지금도 바라보고 계신다.

'사랑을 온전히 시작하는 당신이 되기를
하나님께서는 지금도 바라보고 계신다.'

나만의 작은 몸부림

나는, 교회에서 담당하는 중고생을 대할 때 가장 먼저
그의 성격性格을 보려고 애쓴다.

나는, 그의 성격을 조금이나마 알기 위해
현재 그의 꿈이나 목표에 대해 질문한다.
꿈이나 목표 속에는
숨겨진 그의 성격이나 수준이
조금이나마 담겨져 있기 때문이다.

아무튼 인원과 상관없이 그들이 바라는 미래는
각양각색各樣各色이다.

보통 심리학자들은 인간의 성격은
5~6세 정도면 대부분 형성된다고 말한다.

하지만 여러 철학자들은 인간의 성격은
평생 동안 지속되고
성격은 환경이나 배움 등으로
바뀔 수 있다고 말한다.
나는 철학자들의 의견에 비중을 두는 편이다.

어떤 철학자는 과거의 성격이 지금을 결정하고
현재의 성격이 미래를 결정한다고
했다.

나는 그의 말에 전적으로 찬성한다.
그래서 내가 맡은 학생들을 대할 때마다
지난 과거부터 오늘까지 어떤 성격을 가졌는지 파악하면서
내일이나 그의 인생길 바탕에
꼭 두기를 바라는 것이 하나 있다.
그것은 '예수님의 성격을 닮아가기를 바라는 것'이다.

학생들은 성장하면서 성격이 바뀔 수 있다.
미래의 꿈과 목표도 이루어질 수 있다.
물론 이루지 못하거나 살면서 바뀔 수도 있다.
다만 그 꿈과 목표가 어떤 모양으로
언제 어떻게 결실로 나타난다 해도
그 마인드 중심에는 예수님의 성격이 있어야
그것이 참이라는 것이다.

내가 학생들에게 관심을 갖는 것은
미래에 나 같은 우매한 사람을
단 한 사람이라도 줄여보기 위한
나만의 작은 몸부림이다.

이제야 알 것 같다

더운 날씨에
삽이나 망치를 들고 땀을 흘리며
일하는 사람들의 모습은 아름답다.

그들 옆에 있으면
나는 나도 모르게 고개를 숙인다.

나는 아들 방이 누전으로 인하여
형광등이 들어오지 않아도
고쳐주지 않고 있기 때문이다.

화장실 타일이 떨어지려 해도
테이프로 발라 버렸고
문짝에 곰팡이가 생겨도 그냥 나 몰라라 한 지
오래되었다.
참으로 게으르고 한심한 나의 작태作態다.

그러한 내게도 핑계거리는 있다.
사람마다 하나님이 거저
주신 것이 있다.

세상적인 용어로 하면 천분天分이다.

천분은 말 그대로
'타고난 재질이나 직분'이다
물론 할 수 있는 것을 안 하는 것과
못 하는 것을 안 하는 것은 차이가 있을 것이다.

나는 지금 그것을 말하는 것이 아니라
다음을 말하기 위함이다.

목회자는 목회를 해야 하고
사업가는 사업을 해야 하며
기술자는 해당 기술을 발휘해야 하고
학자는 자신의 전공 분야에서 최고여야 하며
운동선수도 자신의 종목에서 탁월卓越해야 함을
말하기 위함이다.

실제로 내 집안일을 뒤로 미루는 것은
게으름이 정답일 것이다.
하지만 어떤 일이 진행 중일 때는 그 분야에서
프로가 있을 때는 옆에 서 있기만 해도 된다.
그것은 비록 내가 하지 못하는 일이지만
함께하는 것이 중요하기 때문이다.

특히, 주님의 일은 혼자 하면 안 된다.
한 사람이 나사를 풀고 열 사람이
옆에서 허수아비로 서 있을지언정
함께해야 한다.

내 분야가 아니라고 해서
내 일이 바쁘다 해서
주님의 몸 된 교회에서 벌어지는 모든 상황을
뒤로 미루는 것은
게을러서 안하는 것보다 더 큰 잘못이다.

나는 이런 원리原理를 깨닫게 해준
우리 주님께 가장 먼저 감사하고
모 신앙의 선배가 옆에 서 있는 것만으로도
주님께서 기뻐하신다는 것을 말한 이유와
그 참뜻이 무엇인지 알 것 같다.

'주님의 일은 혼자 하면 안 된다. 옆에서 허수아비로
서 있을지언정 함께해야 한다는 것이다.'

아침을 시작하는 이유

이상理想이란,
한자음대로 해석하면 '생각을 다스린다.'이다.

사전적 정의를 보면,
'이성으로 생각할 수 있는 사물의 가장 완전한
상태나 모습'이다.

사전 정의를 자세히 살펴보면
'실제로는 실현할 수 없다 하더라도…'라는
부연數衍 설명이 있는 것을 보게 된다.

영국의 유명한 사상가가,
'이상이라는 것은 우리 마음속에 있고
동시에 이상을 실현하는 데 있어
가장 큰 저해 요소도 우리 자신
즉 나 자신에게 있다.'고 말한 바 있다.

사전적 정의와 위 사상가의 말을 가만히 생각해 보면
두 가지 중요한 내용을 끄집어낼 수 있다.

하나는,
실제로 실현할 수 없다 하더라도 내가 생각하는
가장 완전한 모습을 꿈꾸어 보는 것과
또 하나는
그것을 실현하고 못 하고는
내 하기 나름이라는 것이다.

하나님이 자신의 아들을 우리 인간에게 보내셔서
아들을 통해 수많은 기적을
인간 앞에서 영화처럼 연출해 보이면
모든 인간은 온몸을 땅에 엎드려
하나님을 경외敬畏할 것이다.

하지만 하나님은 그 방법을 쓰지 않으시고
아들을 십자가에 못 박혀 죽게 하시고
다시 부활하게 하시어
소수의 인간에게 아들의 부활을 알리시며
그 사실을 먼저 알게 된 인간이
다른 인간에게 알리라는 방법을 택하셨다.

영화 같은 내용을 원하는 것은,
아직 하나님을 믿지 않는 자들이
자신이 믿지 않는 이유 중의 하나로
믿는 자들에게 의미심장한 미소를 지으며
반박하는 내용이기도 하다.

신앙인 중에는 갈급渴急한 마음에
하나님이 '짠~' 하는
영화 같은 내용을 펼치시어
얼른 믿지 않는 자들을 변화시키고 싶은 마음을
가져보기도 한다.

바로 위 내용을 거듭 읽어보면서,
이상이라는 단어는
어쩌면 하나님이 우리 인간에게 하셨던 내용
아니, 바라는 바가 아닌가 하는 생각을
해보게 된다.

인간은 내 자신이 아무리 잘났다 한들
완전함을 이룰 수 없다.
다만 영화를 보는 것처럼 꿈을 꾸어 볼 뿐이다.

세상 모든 일이 처음이 있으면 마지막이 있듯
사물도 생성生成된 처음이 있으면
마지막이 있다는 것은 상식일 것이다.
위에 짧게 언급했던 영국의 사상가 말처럼
그것을 실현하는 것은
내 마음이고 저해하는 것도 내 마음이다.

다만 여기서 중요한 것은,
내 마음은 나 자신의 마음이 아니고

하나님이 주신 마음이라는 것으로 이해해야 된다.
그것을 이해해야 우리가 생각하는 이상은
실현된다는 말이 된다.

지금 나나 당신이나 우리 모든 인간은
그 이상을 실현하기 위해
아침을 시작하고 있는 것이다.

저 장대비를 통해 전달되었으면

어떤 철학자는,
'철학哲學을 한다는 것은
하나의 엄숙한 결단을 하는 것이다.'
라고 말했다.

여기서 결決은 '결단할 결'자고,
단斷은 '끊을 단'자를 쓴다.
뜻을 풀이해 보면,
'무언가를 결단해서 끊는다.'는 말이 된다.

보통 사람들은 금방 그 뜻을 알아차릴 것이다.
즉 나의 평소 생각이나 가치관, 사상, 이념 등을
정확하게 구별해서 구별된 대로
나의 생을 움직인다고 보면 될 것이다.

인간의 생사生死나 우주의 근원根源 등
살면서 일어나는 궁금증에 대하여
각 분야에서는 특출特出난 사람들을 배출했고
배출된 그 사람의 사상이나 이념이나 학문을 토대로
인간의 역사는 이어지고 발전했다는 것은 분명한 사실이다.

그러나 그 시대에 배출된 특출한 사람은
후세의 더 나은 사람에 의해
그 이론이 과거의 역사가 되어
땅에 들어갈 수밖에 없었고
그런 현상의 반복 속에
인간의 역사는 흐르고 있는 것이다.

나 또한 그런 인간의 흐름에 예외일 수 없는 법.
학생 때는 선생님들이 가르친 대로
젊은 시절은 또 그 때에 따라
인간이 이미 만들어 놓은
진리 아닌 진리를 배우기 위해 노력했던 것이다.

나는, 인간을 알기 위해
아무리 철학서를 들춰봐도
문학을 알기 위해 아무리
베스트셀러를 읽어봐도
내가 평소 궁금해 하던 이런 저런 궁금증은
도무지 시원하게 풀리지 않았다.

여러 종교 중의 하나라고 생각하고,
그 책은 나약한 인간들이나 보는 것이고
그 분들을 특별한 하나의 직업으로만 여겼던
나의 마음가짐이
어느 날 단 한 번의 꿈을 통해

그 음성을 듣는 순간 나는 결단을 하게 된 것이다.

나의 생은 나를 위해 사는 것이 아니라
그분의 영광을 위해 살아야 한다는 것을 알게 된 순간,
오랜 시간 내가 가졌던
휴지 조각과 먼지투성이가 뒤범벅되었던 나의 철학이
단 한 번의 꿈을 통해
새롭게 변화된 것이다.

이 글을 보는 미지의 사람들이
나의 이 글을 통해
새롭게 자신의 철학을 결단하였으면 하는 소망이
저 장대비를 통해 전달되었으면 한다.

'단 한 번의 꿈을 통해 그 음성을 듣는 순간
나는 결단을 하게 된 것이다.'

가만두지 않을 것

내가 아는 어떤 사람이
주식투자를 해서 백억 이상을 만들겠다고
목소리를 높인다.

'꿈은 커야 하고
그리고 목표와 목적을 확실하게 가지고
열심히 노력하면
그것은 이루어질 수 있다.'고
앞선 세대가 증명한 만큼
그의 말은 그가 하는 행동에 따라
이루어질 수도 있을 것이다.

나는 그의 소망이
꼭 이루어지길 마음으로 빌면서
나만 알 수 있는 미소를 지었다.

하지만 그의 다음 말에선
그냥 넘길 수가 없었다.

"그 돈으로 건물 하나 사서

임대료 받으며 살고
지금 힘들게 하는 일은 때려치울 것이다!"

사람이 너무 가난해도 먹고 살기 위해
죄를 범할 수 있지만
사람이 너무 부유해도 알게 모르게
교만과 오만傲慢으로 큰 죄를 지을 수 있다.

목표를 이루기 위해 열심히 사는 건 좋지만
그것을 이룬 다음 마음가짐은
한순간에 흐트러질 수 있다.

성경에도, 인간으로서 가진 것에 대한
균형 아니 중용中庸에 대한
말씀이 있는 것은
바로 그와 같은 마음을 가진 자들을
경계하기 위함일 것이다.

백억을 벌어서
더욱 열심히 남을 위해 쓰고자 하는
마음을 가져야지
자신의 안위와 영달榮達을 위해 쓰고자 한다면
설령 그것이 오더라도
창조주는 그를 가만두지 않을 것이다.

홀로 아쉬움을 꾸역꾸역 삼킨다

○○에게,
"술, 담배를 어느 정도 하는 편이니?"라고 물었다.

○○는,
"술은 때와 장소와 분위기에 따라 마시고
담배는 하루 반갑 정도 태우는 것 같습니다."라고 답했다.

"왜 술 담배를 하니?" 이어서 물으니 ○○는,

"글쎄요… 어릴 적부터 아빠, 엄마나 주위 분들에게서 자연스럽게
배운 것 같아요…"라고
모호模糊하게 답했다.

술, 담배 하는 것을 무작정 나쁘다고 말할 수 없다.
인간은 각자의 기준에 따라 옳고 그름과
좋고 나쁨을 말하기 때문이다.

이유야 어찌됐든,
현대 사회에서 술, 담배에 대한
부정적 시각이 대세인 것은 숨길 수 없는 사실이다.

술로 인해 취한 사람들의 행태行態나
담배로 건강을 해친다는 상투적인 의미를 떠나
모든 매체를 통해 그 증거가 여실히 공개되고
있기 때문이다.

지금 이 글에서는 술과 담배에 대한 가부可否를
논하려는 게 아니다.

우리네 자식들은 태어나 처음 만나는 사람이 부모이고
성장하면서 부모를 통해 자아가 형성될 수밖에 없는
구조를 가지는 것을 두고
영적인 의미를 나름대로 전하기 위해서다.

하나님은 세상 만물을 창조하시면서
흙으로 지어진 인간에게
사는 동안 땅에서 나는 식량을 통해
육을 성장시키고 건강을 유지하면서
말씀을 통해 참된 생을 알아가며
영이 성장하도록 하셨지만
내 의지와 상관없이 만나는 부모에 따라
전자는 대체로 지켜나가지만 정말 중요한 후자는
놓치는 경우가 있다.

풍성한 물질과 커다란 집과 자동차 등
저차원적인 사항에는

그것을 물려주기 위해
타인의 땀을 훔치고 마음을 아프게 하면서도
인생의 참을 알게 해주는 하나님의 말씀을 두고는
자식의 앞을 막고 있다.
자신의 지식과 경험과 아집과 교만 등으로
어린 자식들의 앞길을 막고 있는 수많은 부모들….

깊어가는 가을
홀로 아쉬움을 꾸역꾸역 삼킨다.

'인생의 참을 알게 해주는 하나님의 말씀을 두고도
자식의 앞을 막고 있다.'

항상 제자리

모든 일은 좋은 게 좋은 것이라고 하며
무작정 실행實行하는 사람이 있다.
아주 긍정적인 사고로 보인다.

모든 일에 나서서 열심히 하는 사람이 있다.
이 또한 보기에 따라 많은 사람들에게
솔선수범率先垂範으로 비친다.

하지만 좋은 마음으로 하든 열심히 하든
그 바탕에 준비와 계획이 있어야 한다.

어떤 작가의 책에,
'한꺼번에 많이 먹는 밥은 체하게 마련이고,
급하게 계단을 두 개씩 올라가다 보면
금방 다리가 아파 얼마 못 가서 포기한다.
모든 이치가 다 똑같다.
차근차근 한 걸음, 한 걸음, 내딛다 보면
벌써 내 수준은 저만큼 가 있다.
이것이 바로 노력하는 사람과 하지 않은 사람과의 차이이며
이것이 바로 공부였다.'란 내용의 글이 있다.

준비와 계획이 없이 일을 하면
처음의 마음이 금세 변하여
금방 다리가 아파 포기한다.
포기는 앞이 보이지 않기 때문에 일어나는 것이다.

'열심'이란 단어 속에는
일하는 사람의 모든 마음이 다 담겨져 있다.
준비하는 과정에서 있었던 외로움과 고독
참여하지 않는 사람들에게 동의를 구해야 하는 간절함
때로는 내려놓고 싶었던 절망 등을
이겨냈다는 말이 숨어있다는 것이다.

그 작가는, '우리가 결정하여 행하는 모든 일을 두고
좋은 게 좋은 것이라고 하며 준비 없이 속도를 내는 것보다
방향을 잘 정하고 차근차근 천천히
조금 늦더라도 모든 것을 감수하며 열심히 하고자 했던
그 마음을 끝까지 가지고 해야 한다.'는
취지로 말했다.

개인적으로 꿈꾸는 나의 미래든 어떤 공동체든
준비와 계획이 없으면 항상 제자리에서
맴돌 수밖에 없다는 말이 되는 것이다.
다만 그 모든 준비와 계획은 나와 너의 지식이 아닌
하나님 말씀을 기초로 해서
해 나가야 한다.

주어진 시간 최선을 다하며 사는 것

아직 칠, 팔월도 아닌데
무더위와 싸우고 난 후 나서는
밤 산책은 나를 행복하게 한다.

행복幸福의 사전적 의미를 간략하게 보면,
욕구와 욕망이 충족되어 만족하거나 즐거움을 느끼는 상태,
불안감을 느끼지 않고 안심한 상태,
희망을 그리는 상태에서의 좋은 감정 등이다.

곧 인간은 각자의 행복의 기준이
자신의 기준 즉 자기만의 주관 및 객관적인 상태에 따라
달라지는 것을 알 수 있다.

하루를, 숫자나 단어 하나
구나 문장의 오류 등을
가장 적절하게 만들어가야 하는 내 직업은
해보지 않은 사람은 이해할 수 없을 정도로
스트레스와 긴장의 연속이다.

아무튼 그 결과에 상관없이
밤을 걷는 이 시간만큼은
오늘 내게 있었던 모든 어두움을 벗는다.
그래서 나는 이 시간이 행복하다.

인간이 행복을 느끼지 못하는 것은
내게 주어진 오늘이나 내일에 대한
두려움 때문일 것이다.

내 나름대로는 정확한 계획과 목표를
가지고 열심히 살건만
연속과 반복으로 허물어지는
나의 원대遠大했던 꿈들을
하나씩 포기할 수밖에 없을 때
행복은 바람처럼 사라진다는 것이다.

인간은 피조물이기에
나를 창조하신 나에 관한
하나님의 심오深奧한 계획은 알 수 없다.
다만 짧은 시간, 밤 산책을 통해
행복을 느끼는 지금의 나처럼
주어진 시간 각각의 자리에서
최선을 다하는 자세가
주님의 원하시는 뜻이라고 확신하게 된다.

풀어 주라는 의미

죽었던 나사로가
예수님의 한마디로 살아나서
동굴 속에서 걸어 나온다.

예수님은 주위에 있던 사람들에게
그를 동여매었던 천(수의)을 풀어주라고
말씀하신다.

조금만 깊이 생각할 수 있는 사람은
의문을 표할 수 있는 대목이다.
그것은, 죽었던 생명을 살리신 분께서
어쩌면 사소하다 할 수 있는 천을
손수 풀어 주지 않으시고
주위에 있던 사람들에게 풀어주라는
메시지를 던진 것일까.

주님은 우리를 선택하여 구원해 주셨지만
그 후는 공존共存하는 이들과
함께하는 것이 중요하다는 것을
말씀하시는 것 같다.

살아서 지금도 우리 곁에 계시고
우리의 모든 것을 해결해 주실 수 있는 분이지만
우리가 서로 협력하고 하나가 되어가면서
우리네 각자를 휘감고 있는 그 천을
서로 풀어주라는 것이다.

나사로가 자신의 팔과 다리에 묶인 것을
스스로 풀 수 없듯
우리 자신들도 스스로 그것을 풀겠다고 행하는 것은
교만에 다름없다.

내가 아무리 잘난 척한들
내 가슴 속에 있는 나만의 삶의 문제와 비밀은
주위 사람들 즉 함께하는 성도들의 도움이 없으면
풀 수 없다는 말이다.

풀 수 없는 것은, 목사도 장로도
권사나 집사도 일반 성도도 마찬가지다.
백지 한 장 차이에 불과한 인간의 우열 사이에서
서로 자기가 잘났다고 삿대질 하는 것은
자신을 휘감고 있는 그 천을
오히려 동여매고 있는 것과
다를 바 없는 것이다.

처음이자 마지막이라는 것

삼보三寶란,
'세 가지 보배'라는 뜻으로
불교나 유교(중국 사상가들) 사이에서
널리 쓰이는 말이다.

특히, 중국의 노자老子는
자신의 삼보는 다음과 같이
인자仁慈, 검소儉素, 겸손謙遜이라고 말했다.

인자는 사랑 또는 자비하는 근본적인 마음이고
검소는 겉치레하지 않고 근검절약하는 생활 자세이며
겸손은 오만하지 않고 교만하지 않아야 한다는
행동을 일컫는 말이다.

난세의 사상가였던 노자는
오래전부터 혼탁한 세상에서 나 자신의 삶을
어찌 해야 하는지에 대한
이정표를 제시했던 것이다.

그의 말은 세상을 창조하신 하나님의
마음을 잘 알고 있었다고 보인다.

과연 노자가 살던 시기에
하나님의 말씀을 알고 있었는지
지금의 나로서는 전혀 알 수 없지만
세상을 이끌어가는 사람들의 생각과 마음에는
거의 대부분 하나님이 우리에게 주신 말씀이
다 포함되어 있다는 것을 알 수 있다.

세상에서 어떤 마음으로
어느 자리에서 호흡을 하고 있든
하나님의 말씀이 처음이자 마지막이라는 것을
이 글을 읽는 자들이 알았으면 좋겠다.

'하나님의 말씀이 처음이자 마지막이라는 것을
사람들이 알았으면 한다.'

찾다가 힘들면

"권력을 잡게 되면
왜 욕심나는 게 많아지는 걸까…

32평을 갖게 되면
왜 41평을 갖고 싶어 하는 걸까…

사람들은 왜
지금 가진 것보다 더 많은 걸 가지기 위해
바삐 사는 것일까…"

"너 철학哲學 하니?"

"그게 철학이야?"

"응, 그게 철학이야."

"헐~ 그럼 철학자들 별거 아니네?"

"응. 철학자들 별거 아니야. 그들도 너처럼
'왜'를 너보다 깊이 또 길게 했던 것뿐이거든.

지금 네가 생각하는 '왜'를
지금의 나처럼 후다닥 써봐."

"그럼 나도 철학하는 사람이 된다는 거야?"

"그렇다니까. 근데 말야… 어쩌지… 너도
정답은 얻지 못할 거야.
왜냐면, 그 수많은 철학자들이 말한 정답은
자신에게만 적용되는 것일 뿐.
근데 정답이 기록된 책이 있어
알려줄까?"

"싫어!
그 정답 내 스스로 찾아볼 테야!"

"그래?!
그럴 거야,
너도 자존심이 있을 테니
찾다가 힘들면 그 길로
서점으로 가.
거기 가면 그게 있어….

정답이 적힌
그 책이 있어…
근데 제발 너무 긴 시간을

찾겠다는 핑계로
고집은 부리지 말아
방황도 하지 말고
왜냐면,
네 생명도 그 유명한 철학자들처럼
안개가 되어 금방 사라질 수 있거든.
지금 서점으로 직행하면 될 것을
왜, 매 맞고 할큄을 당하고서야
가려고 그러니?"

'그 유명한 철학자들처럼
안개가 되어 금방 사라질 수 있다.'

충忠이라는 글자

충忠이란 글자는 가운데 중中과 마음 심心자가
합쳐져 만들어졌다.

충자와 가장 쉽게 접하는 글자가 성誠 자인데
우린 충성이라고 읽고 그 해석은 어린아이들도 한다.

우린 어떤 조직이나 군주에게 충성한다.
충성을 하는 이유는 뭘까?

대체로 처음엔 순수한 충성을 한다.
조직이나 군주를 위해 나를 버리고 사심 없는
충성을 한다는 말이다.

시간이 흐르다 보면 우린 순수한 충성을
내게 유리한 방향으로 포장하여 하게 된다.

세상이 그러하듯 신앙도 그러하다.
처음엔 어린아이 같은 마음으로 전능자를 대하지만
어느 순간부터 나 자신으로 중심을 옮기게 된다.

그것은 주의 종이라는 일컫는 목회자도
오랜 시간 주님을 믿었다고 말하는 사람들도
지금의 나도 너도 안타깝게도 마찬가지다.

충이 마음의 중심이라고 하였고
그 마음의 중심이 목표와 목적에서 벗어나기 시작하면
그것은 충성이 아니고
나의 사리사욕을 원하는 것이므로
함께하는 조직 내 다른 사람들이
그것을 알게 되거나 보게 되면
그 조직이나 군주는 모래 위에 세워진
성에 불과한 것이다.

하나님은,
처음과 끝이 있다는 것을
분명히 알고 있는 우리 인간들에게
중간의 삶을 통해 바로 그 충을 원하고 있지만
우리 인간들은 자신의 얼굴을 위해
그것을 변질變質시키고 있는 것이다.

오늘따라 충忠자가 나의 머리와 마음에서
벗어나질 않는다.

충심衷心으로 기대한다

현재 대한민국을 실질적으로 이끌어 가는 사람들은
여의도 그 사람들 겨우 몇 백 명이다.

그들의 생각이나 사상, 이념 등이 모아져
대한민국의 미래가 열리고 과거가 다시 쓰일 수도 있다.

그들이 현재 지향志向하는 모든 것들이
대다수의 사람들의 삶의 질을 결정하고
그들의 후손까지 영향을 미친다.

하지만 그들은 아무리 대다수를 위한다고 말을 해도
그 속을 들여다보면 자기 것을 먼저 비축備蓄해 놓고
남의 것을 준비한다.
그래야만 나도 살고 너도 산다는 논리가 성립되기 때문이다.
내가 죽으면 너를 위해 아무것도 할 수 없다는
참 같지만 참이 아닌 논리를 펴는 것이다.

항상 그렇게 역사는 흘러 왔고
대다수는 그 소수들에 의해 드러나지 않는다.
물론 가끔은 대다수를 위해 목숨을 바친

즉 내 것을 뒤로 하고 다수 사람들의 몫을
먼저 생각하는 사람도 있었지만
그들은 위에서 말했던 저들에게 창과 칼로
무참히 짓밟히고 만다.

그것은 대다수가 그를 지켜주어야 하지만
안타깝게도 대다수는 오늘 한 끼 밥 먹는 것이 급해
방관傍觀하고 있기 때문이다.

미국의 전 대통령이었던 케네디는 이렇게 말했다.
"우리는 참으로 용기 있는 인간이었느냐,
우리는 참으로 현명한 인간이었느냐, 우리는 참으로
성실한 인간이었느냐, 우리는 참으로 헌신하는 인간이었느냐?"

그가 우리에게 어떤 메시지를 던진 것일까?
그것은 훗날 역사의 심판대 위에 내 자신이 섰을 때
내가 어떻게 답변할 수 있을까에 대한 질문으로 보인다.

나는 어제, 표를 던진 그들에게
케네디의 저 말을 전하고 싶다.
나는 그들이 자신을 위해서가 아니라 대다수를 위해 한 행동이었기를
넓은 들판에서 흐늘거리는
이름 없는 하나의 풀로서 충심(衷心)으로 기대한다.

그리고 예수님이 십자가 못 박히신 그 이유를
그들에게도 꼭 전하고 싶다.

청년에게 해준 말

자신의 장래를 놓고 고민하는
청년 하나가 있다.

할 수 있는 건 아무것도 없는데
급하게 처리할 것도 있고
이루고 싶은 건 더 많다고 한다.

그 청년이 직장 문제로 고민하자
함께 듣고 있던 어떤 사람이
빨리 직장을 구하는 방법을 알려 준다.

돈이 급하게 필요하다는 것을 알게 된
또 다른 어떤 사람은 오늘 가진 백만 원으로
내일 당장 천만 원을 만들 수 있는
비결을 알려 준다.

얼른 그 청년을 불러내어 함께 공원길을 걷는다.

"너는 참 복이 많은 사람이다.
나는 삼십 중반이 넘어서 예수님을 믿고 알아가면서

내가 사는 이유와 목적을 알아가는 중인데
너는 당시 내 나이보다 훨씬 적은
삼십이 되기도 전에 네게 하나님의 손길이 닿고 있으니
아마도 세상을 창조하신 하나님께서
너를 크게 사용할 것 같구나….

지금의 직장이나 물질 등을 포함한 모든 문제는
네 인생에 크게 중요하지 않단다.

비록 축구란 매개를 통해
교회로 나온 너지만
그 또한 너라는 사람을 쓰기 위해
하나님이 교회로 보낸 것이니
힘들고 괴로워도 참고
열심히 교회에 나오다 보면
너의 현재의 모든 문제가 해결될 것으로 본다.

아무리 급해도 네 생각이나
네게 충고한 그 사람들이나 나를 포함한
인간의 지식을 따르지 말고
먼저 주님에게 네 문제를 아뢰면 좋겠다.

너는 오늘,
우연히 내 가게를 찾아 온 게 아니라
너를 사랑하시는 주님이, 나를 통해 그 말을 들으라고
여기로 보내신 거란다."

참으로 안타까운 현상

충격이야…

대학마다 문학文學, 철학哲學, 역사歷史 관련
수강은 현저히 줄고…
댄스나 영화 등 개인의 능력과 화려함과
자유와 쾌락을 추구하는 반은 분반할 정도래….

현재의 사이버 공간도
눈을 휘둥그레지게 하는 짧지만 자극적인 표현이나
여성들의 가슴의 굴곡이 드러나거나
치마 길이가 위로 갈수록 조회수가 늘어나는 건
사실이지….

인간에게 영화 '원초적 본능'처럼
말초신경末梢神經을 자극하는 것은
이제 참인 것 같은 그런 착각이 들 정도야…

인간에게 화두를 던져서
'인간이란 무엇인가?'에 대한
참뜻을 알아가게 하는 그 분야들이

사이버에선 고루하게 한다고 대접을 받지 못하고
또 공부하는 사람들이 줄어든다는 것은
참으로 안타까운 현상이 아닌가.

인간人間이 사람 인人과 사이 간間을 쓰는 것은
인간 사이를 연구하여 서로 사랑하며 살라는
창조주의 메시지인데
그 '인간답게 살아야 한다.'를 연구하는 분야가
차츰 그 인간들에게서 멀어지고 있다니
그 아이러니를 내가 어찌 찾으리….

오늘은 신문을 보지 말 걸 그랬나
아니야,
지금 내 옆에 있는 이 성경이
그 해답을 찾아 줄 거야….

'인간人間이 사람 인人과 사이 간間을 쓰는 것은
인간 사이를 연구하여 서로 사랑하며 살라는…'

작은 일에 집중하는 자들

사회생활을 하면서
인생 선배들에게 가장 먼저 배운 것은
'작은 일에 충실해라.'였다.

중국 고전에도 중요한 가르침이 있는데
인간의 올바른 행동을 상중하로 나눌 때
가장 으뜸은 입덕立德이라고 했다.
입덕은 '덕을 세운다.'로 해석하면 된다.
옳은 사람이 되어 옳은 길을 걷고 옳은 인격을
쌓으면 자신도 모르게 주위 사람들에게
칭찬을 받게 된다는 말이다.

나는 그래서 칭찬받으며 살고 싶은 욕심에
내 자신의 모토를 정도正道란 단어로 삼았고
나름대로 단어대로 살려고 노력했다.
하지만 나 자신의 언행을 보고 판단하는
인간들의 생각은
자신들의 입장과 이익에 따라
다르다는 것을 알게 되었다.

그런 인간사에 익숙해질 즈음
자신의 손과 발에 못이 박히면서까지
나를 포함한 인간들을 용서하신 예수님의
행함을 보면서 머리를 숙이게 되었고
그 후로 나 자신의 방향을 수정하게 된다.

오랜 시간 기획과 준비하는 일만을
주 업무로 삼았던 나는
어느 새 습관이 되어버린 게 하나 있다.
그것은 일을 하는 데 있어 그 사람의
'참여하는 모양새'를 유심히 지켜보는 것이 그것이다.

덕을 보는 데 가장 크게 작용하는 것은
일의 크기에 따라 참여하는 그 사람의 모양새다.

사실 큰일을 하는 사람들은 금방 드러나
타인의 칭찬을 직접 듣지만
작은 일을 하는 사람들은 그림자조차 보이지 않는다.

하지만 모든 일은 그 작은 일에 대한
기초와 순서가 없으면 이루어지지 않는다.

지금의 우리처럼 하나님을 믿고 따르는 자들은
큰일보단 작은 일에 치중해야 한다.
그래선지 나는 개인적으로도 어떠한 일을 할 때마다

작은 일에 집중하는 자들을 더 선호하는 편이다.
비록 드러나지 않지만 희생과 봉사로
조용히 하나님의 말씀대로 행하는 사람들을
우리의 티끌조차 놓치지 않는 우리의 주님께서
지금도 바라보고 계시기 때문이다.

'하나님을 믿고 따르는 자들은
큰일보단 작은 일에 집중할 줄 알아야 한다.'

진리애眞理愛

대화를 나누다 보면
이것이 인간의 진리애眞理愛를 찾는
가장 큰 수단 중의 하나인 것을 알게 된다.

진리애란,
대시인 괴테가 남긴 말로
'진리를 사랑한다.'는 뜻이다.

대화와 진리애란 단어 관계는
어찌 보면 연관이 없어 보이지만
다음을 보면 그 관계가 깊다는 것을 알 수 있다.

지인들과 대화를 나누다 보면
서로 다른 가치관으로 가끔 언성이 높아질 때도 있고
또 어떤 사안에서는 비슷한 생각으로
서로 박수를 칠 때도 있다.

오늘은 지인들과 이야기를 나누던 중에
온몸에 소름이 돋는 것을 경험했다.

요즘 같은 폭염 속에서도 한기를 느낄 정도의
소름 바로 그것을 말이다.

오늘 나와 대화를 나눈 지인들은,
약자나 불쌍한 사람들을 대하는
그 마음의 바탕이 나와 같았다.

나는 나의 평소의 마음과 그들의 마음이
동일한 마음이라는 것에 순간적으로
온몸으로 전류가 흐른 것이다.

지금 내가 가진 것은
내가 잘나서 갖게 된 것이 아니다.
바로 세상을 창조하신 분이
우리 각자에게 그릇의 크기에 맞게
적당하게 부어 주신 것이다.

우리는 적당하게 받은 것을 받은 크기에 따라
창조주의 얼굴을 빛나게 하기 위해 써야 한다.

오늘 나와 대화를 나눈 진리를 사랑하는 그들은
우리가 함께 믿는 그분의 말씀을 통해
그 마음이 하나였던 것이다.

바로 그것이 진리애고
대화를 통해 우린 전보다 더욱 뚜렷하게
알고 새기게 된 것이다.
진리애 즉, 진리를 사랑한다는 것은
우리가 하나님의 말씀을 통해
마음이 이미 하나가 되었듯이
그것을 아직도 모르는 세상 사람들에게 알리는 것이다.

'우리는 적당하게 받은 것을 받은 크기에 따라
창조주의 얼굴을 빛나게 하기 위해 써야 한다.'

지금의 나요 모든 인간이기 때문이다

글을 잘 쓰는 방법으로 첫 번째로 꼽히는 것은
'목적이 분명해야 한다.'이다.
즉 이 글을 쓰는 이유가 무엇인지
어떤 목적으로 이 글을 쓰는 것인지를 말한다.

대체로 목적은 크게 두 가지로 나뉘는데
'내가 가진 지식을 전달하려는 글'과
'내가 가진 감정을 드러내려는 글'로 보면 무방하다.

전자는 정확성과 명료성, 객관성이 수반되는
보고, 기획, 설명서 등으로 보면 되고
후자는 글 쓰는 이의 감정이 드러나므로
독창성이 가장 중요하다고 본다.
시나 소설 수필 등으로 이해해도 될 것이다.

어떤 글을 쓰든 글을 읽는 대상자는 매우 중요한데
전자는 그 글을 필요로 하는 특정인이나
특정 기관이 될 것이고
후자는 그 반대의 개념 즉 불특정 다수를 말한다.

대체로 자신의 생각을 올리는 글은
위에서 기술한 대로 후자에 속한다.
어느 한 개인을 이해시키거나 가르치기 위함이 아니라
자신의 현재의 지적 능력을
그 글을 읽는 다수의 사람들과 교류하며
서로 다른 가치관과 지식을 나눈다는 의미다.

글을 쓰는 사람은
다른 이와 차이가 나는 것을 인정할 줄 알아야 한다.
인정할 각오가 되어 있지 않거나
상대의 비판과 질책에 대한 준비가 되어 있지 않으면
오히려 쓰지 않는 것이 나을 수 있다.

반대로,
공존하는 현시대 나와 다른 이가 쓴 글을 접한 사람들은
그 글을 읽다가 나의 취향趣向과 다르면
읽던 것을 중단하면 그만이다.
나의 생각과 비슷한 사고를 가진 개인이나 부류가
쓴 글을 찾아 공감하면 된다는 말이다.

하지만 세상을 창조하신 하나님을 믿는
우리 같은 크리스천은 약간 마인드가 달라야 한다.

크리스천의 기본은
그 시작부터 상대가 나와 다를 수 있다는 것을

인정하는 것에 있다.
하나님이 주신 참 진리는 이미 하나로 나와 있지만
나와 있는 것조차 다르게 보는 것이
지금의 나요 모든 인간이기 때문이다.

하나님께서는 이미 우리 각자를 창조하시면서
서로 다른 것을 주셨다.
서로 다른 것을
지혜, 조화, 화평和平으로 이어가며 나누어 가라는 뜻을
우린 알아야 한다.

'크리스천의 기본은 그 시작부터 상태가 나와 다를 수 있다는 것을
인정하는 것에 있다.'

지금 무엇을 해야 할지

신문 칼럼에서
문질빈빈文質彬彬이란 사자성어를 보았다.
문文자는 그 뜻이 '글월'과 '무늬'요
질質자는 '바탕', '근본'이란 뜻이며
빈彬자는 '빛나다'란 뜻을 가지고 있다.

칼럼을 쓴 분은
'외양도 내면도 충실해 조화로운 상태'라고 설명하며
공자의 말을 빌어
다음과 같이 말했다.
'내면에 비해 외양이 지나치면 야하고
내면은 좋아도 외양이 떨어지면 촌스럽다.'고 하면서
세상에서 벌어지는 여러 예를 통해 독자를 이해시킨다.

나는 문질빈빈을 신앙생활에 적용해 보았다.
교회 공동체 안에는 수많은 사람들이
하나의 목표와 목적을 가지고 동행한다.
하지만 동행중에 우리는, 나 자신도 모르게
내면을 보지 않고 외양만으로 사람을 평가한다.

생활 전선에서 주님의 사랑을
주님의 향기와 빛으로 발하는 사람들이
생활에서는 불성실하다가
주일 하루를 교회에서 열심히 하는 사람들에게
눈총을 받는 게 하나의 예이다.
눈총을 주는 사람들이, '내면에 비해
외양이 지나치면 야하다.'에 속하는 부류이다.

공자조차
외양을 보고 판단하다가 자우子羽라는
걸출한 사람을 잃고 후에 탄식했듯이
교회 내에서도 자신의 신앙 기준으로
다른 성도들을 비판하거나 질책함으로써
후에 주님의 일에 크게 쓰임 받을 사람들을
시험케 하거나 교회에 등을 돌리게 하는
원인을 제공하기도 한다.

물론 교회 공동체에서는 외양도 중요하다.
하지만 내면과 외양의 균형 잡힌 조화가
나를 포함한 모든 인간의 삶에 적용되어야 할 것이다.

우리는 나 자신의 문질빈빈을 만들기 위해
지금 무엇을 해야 할지 돌이켜 봐야 한다.

전력全力 질주할 때

인간에게 돈(물질)은
각자의 가치관에 따라 대하는 방법이 다르다.
같은 액수를 놓고도
그 크기가 상대적으로 다르게 받아들여지는 것은
어쩌면 하나님이 우리에게 주신 마음의
크기인 지도 모르겠다.
마음의 크기에 따라
돈을 쓰는 방법이 다르다는 것도 예상할 수 있다.

먼저 세상 시각으로 보자
내게는 아들이 하나 있는데
나는 하나뿐인 아들을 위해서는
돈의 크기와 상관없이 쓰는 데 있어
아직까지 주저함이 없다.
하지만 그 외에는 주저하는 편이다.

세상을 향해 눈을 돌려 가만히 살펴보면
나뿐 아니라 보통사람들도
자신과 가까운 관계에서는 나와 하등
다를 게 없음을 보게 된다.

그렇다면 이젠 신앙적으로 보자
교회 공동체 속에는 여러 가지 명목名目의 헌금이 있다.
하나님께서 내게 주신 모든 것에 대한 표시로
우리는 각자 믿음대로 크기대로 그것을 행한다.

나는,
각자의 믿음대로 크기대로 올리는 헌금보다는
형편대로 행하는 연보에 대한 생각이 더 깊다.
헌금과 연보捐補의 차이를 우리 정도의 신앙인이면
대체로 이해할 것으로 보는데
왜 나는 구태여 그 차이를 두고 있는 것일까….

우리의 믿음대로 행하는 헌금을 두고는
인간들이 서로 왈가왈부할 수도 없고
또 진정 우리의 주님이 얼마나 기뻐하실지
나로서는 알 수 없지만
연보에 치중하는 마음은 내 자신에게
기쁨이 없으면 사랑이 없으면 행할 수 없다는
확신이 들기 때문이다.

함께하는 성도들과 하는 한 끼의 식사 속에서
함께 뒹구는 성도들과 싸구려 음료수를 나누면서
삶이 지쳐 힘든 사람들과 교제하면서
우린 서로 사랑을 나눌 수 있기 때문에
완벽하지 못한 우리 인간의

위선과 가식과 교만이 담길 수 있는 헌금보다는
오히려 하나님께서 더욱 미소 지을 수 있다는
나만의 생각이 들기 때문이다.

우리가 각자의 마음에 따라
돈의 가치를 다르게 생각하듯
우리가 믿음의 크기에 따라 헌금을 하듯
그 틀 안에 사랑이 존재해야 함이
마땅하다.
진정 사랑하는 관계가 되면 물질이란 것이
얼마나 무가치한 것인지 알게 된다는 것이다.

그러므로 지금은, 우리는 서로의 사랑을 키우는 데
전력 질주할 때이다.
우리의 사랑의
마음이 성장하기를
우리의 주님께서는 지금도 바라보고 계실 것이다.

'우리의 사랑의 마음이 성장하기를
우리의 주님께서는 지금도 바라보고 계신다.'

우리 삶의 모토

세상에서 가장 로맨틱한 단어가
'사랑'이란다.
외래어로 된 사랑을 우리말 발음대로 해보면,
영어로 '러브', 일어로 '아이', 불어로 '아무르',
이탈리아어로 '아모레'이다.

사랑이란 단어는 보통 사춘기 전후로 어렴풋이 알게 되는
인간의 삶과 공존하는 단어인데
그렇다면 로맨틱이란 뜻은 무엇일까?

우리는 로맨틱을
보통 '낭만적인'이란 형용사로 많이 알고 있지만
로맨틱은 여러 가지 다른 뜻을 품고 있다.
즉 소설적인, 비실제적인, 설명하기 어려운, 신비적인, 공상적인
가공이나 허구 등이다.

그러므로 세상에서 가장 로맨틱한 단어가 사랑이 된다는 것은
로맨틱에 대한 여러 뜻에도 나와 있다시피,
사랑을 제대로 알고 행한다는 것이
얼마나 멀고도 먼 이야기가 되는지 쉽게 알 수 있다.

세상적인 해석으로 사랑을 찾으려면 정답이 나올 수 없다.
개인마다 자신의 배움이나 경험 등으로
멋진 미사여구美辭麗句를 써가며 사랑을 노래하지만
그것은 자신만의 답일 뿐 진리가 아니라는 것이다.

사랑에 대한 정답은 하나님 말씀 안에 있다.
하나님은 사랑이라 하셨고 사랑 안에 사는 사람은
하나님 안에 사는 사람이며
하나님도 그 사람 안에 계신다고 했다.

인간은 태어나 죽을 때까지
이런 저런 사랑의 종류와 떨어져 살 수 없다는 것은
하나님을 벗어나 살 수 없다는 것이다.

아직도 하나님을 부인하는 사람은
이 글을 우연이든 필연이든 접하는 순간
자신의 사고를 버린다거나 바꿀 필요가 있다.
자신의 교만으로
하나님을 뒤로하면 뒤로할수록
자신이 지금 꿈꾸는 삶의 모토는
로맨틱에서 결코 벗어날 수 없기 때문이다.

사랑을 정확히 안다는 것은
하나님을 아는 것과 직결된다.
그것이 우리 삶의 모토가 되어야 한다.

인간과 짐승의 차이

'인간은 생각하게 되어 있고
생각은 입술을 통해 나오며
입을 통해 나오는 그 표현은
자유롭게 펼쳐져야 한다.'

상식적인 내용이지만
폐쇄적이고 강압적인 사회에서는 상식은커녕
상황에 따라 성립 불가능한 표현일 수 있다.

나 자신을 자유롭게 표출할 수 있는 사회나 국가에서
태어난 것은 아주 다행이고
그 자체만으로도 행복하다고
말할 수 있다.

세상 만물은 하나님께서 각기 그 그릇대로 만들었고
그 그릇에 맞게 세상에 존재하고 또 살면서
하나님 영광을 위해 존재해야 한다.

예를 들자면,
지금 내가 서 있는 위치에서

내가 가진 지식이나 내가 가진 물질이나 기타 등등
내가 가진 소유를 나를 위해 쓰는 것이 아니라
하나님을 위해 쓰여야 하고
살아야 된다는 것이다.

하지만 나를 포함한 모든 인간은
너무나 어리석어서
이미 정해진 생의 모토를 뒤로하고
자신의 생각과 배움과
형편대로 살고 있는데
내 의지대로 사는 그 크기에 따라
인생의 길은 내가 정해놓은 방향과 상관없이
어긋나거나 구렁텅이에 빠져 허우적거리게 된다.

지금 내 인생의 길이
이런 저런 이유로 힘들다는 것은
하나님이 우리에게 주는 작은 경고임에도 불구하고
어리석은 인간은
그것은 살면서 일어나는 우연이거나
나만의 생각과 표현이 자유라는 이유로
대충 덮어 둔다.

앞서의 인용처럼,
생각을 표현의 자유가 있다는 이유로
나를 표현하는 모든 표현 속에

하나님의 영광을 위함이 아니라
티끌만큼이라도 나를 위함이 잠수되어 있다면
그것도 같은 이치로 드러날 것이다.
내가 생각하는 것이나 입을 통해 나오는 말이나
지금 쓰고 있는 글 하나가 자유라 해도
지금 쓰는 단어 하나라도 지금 생각하는 단상 하나라도
모든 기준은 하나님이 되어야 한다.

인간이 짐승과 가장 다른 차이 중의 하나가
바로 그것이다.

나와 당신이 짐승과 다른 것은,
그 기준을 찾기 위해
이미 나와 있는 올바른 그 기준을
내 스스로 다시 찾기 위해
오늘을 살고 있기 때문이다.

'지금의 모든 기준은
하나님이 되어야 한다.'

오늘도 변함없이

사람들은, 오늘이
내일도 올 것이라고 믿고 산다.

아니, 어제나 모레나 그 후까지
똑같은 날이 영원할 것이라고 믿는지도 모르겠다.

하지만 조금만 생각할 줄 아는 사람은
내일은 내가 여기에 없을 수 있다는 것도 안다.

비판하기 좋아하는 사람들은
그것은 염세적厭世的 사고라고 손가락질 한다.

아니다.
그것은 생生을 염세하는 것이 아니라
오늘이 내 생의 마지막이 될지도 모르기에
이 하루를 내 인생의 최초이자 마지막으로 여기고
열심히 살겠다는 진지眞摯한 마음가짐이다.

독일의 유명한 극작가 게르하르트 하우프트만이
'매일을 마치 그것이 너의 최초의 날인 동시에

너의 최후의 날인 것같이 살아라.'라고 말했다.

오늘이 내 인생의 최후의 날이라는 마음가짐으로 살면
주어진 오늘 이 시간이 얼마나 귀중한 것인지
깨닫게 될 것이다.

그래서 나 자신도 지금 마시는 커피를 입에 대며
마음을 가다듬고 있는 것이다.

어제도 지켜주시고
오늘도 변함없이 날 세상에서 지켜주시는 하나님께
감사하면서….

'이 하루를 내 인생의 최초이자 마지막으로 여기고
열심히 살겠다는 진지眞摯한 마음가짐을 지녀야 한다.'

왜 화를 내신 걸까

자신의 몸을 십자가에 매달리면서까지
우리를 위해 희생하신 예수님도
생전에 몇 번의 화를 내신 듯하다.

우연히 넘기던 마태복음 23장 27절도
그중 하나로 보이는데
회칠한 무덤과 그 무덤을 비유로 설명하는 내용이
나오면서 상대를 두고 나무라는 즉 질책하는
뉘앙스가 내 눈에 역력하게 보였다.

원수를 사랑하라 했으며
십자가를 통해 우리의 죄를 사하여 주신 분이
저런 표현을 할 수 있을까 하는 생각이
문득 떠올랐고 당혹감까지 들었다.

나는 나만의 해석으로 몰입沒入했다.
몇 번이고 되풀이해 봐도 이 말씀은
당시 사회 배경을 고려할 때 당시 사람들의 가식과
위선의 언행을 꼬집는 내용이라고 보인다.

어쩌면 지금 시대의 우리를, 현 시대의 기독교인들을
두고 하신 말씀이기도 했다.

겉으로는 정말 내가 예수님의 제자인 것처럼 하면서
뒤에서는 정반대의 행실을 일삼는 나나 너… 우리….

예수님은 당시의 이스라엘 사람들을 두고
가난한 사람들의 무덤이라는 회칠한 무덤 속의
정황을 비유하여 우리에게 주는 메시지가 있는 것이다.

나는 또 어디에선가 본 듯한 예수님이 우리 인간을
나무라는 성경 구절을 다시 찾아보기로 했다.
예수님은 우리 인간의 어떤 모습을 보실 때마다
야단을 치셨는지….

아무튼 오늘 말씀은,
겉으로는 화장을 하여 화려한 광을 내지만
속으로는 무덤 속 시체처럼 더러운 짓을 일삼는
우리 기독교인들을 포함한 우리 인간에게
경종警鐘을 울리는 말씀으로 보인다.

예수님처럼, 속과 겉이 동일해야 한다는
하나님의 형상을 닮아야 한다는
귀한 말씀으로 내 몸에 진하게 녹아 스며든다.
당신에게도 꼭 스며들기를…

우리에게 주는 인생의 나침반

중국의 철학자 노자老子는,
'상선上善은 물과 같다.'라고 말했다.
그는 그 이유를 세 가지로 설명했다.

하나,
물은 세상을 이롭게 한다.
즉 물 없이는 사람이 살 수 없지만
물은 우리를 이롭게만 할 뿐
우리에게 다른 어떤 것도 요구하지 않는다.

둘,
물은 낮은 데로만 흐른다.
사람은 높은 곳만을 향해 달려가려고 하지만
물은 절대 위로 올라가려고 하지 않는다는 것이다.

셋,
물은 낮은 데로 흘러가지만 커진다.
우리는 석간수가 모아져서
강이나 바다처럼 커진다는 것을 잘 안다.
하지만 인간은 올라갈수록 혼자가 되고 작아진다.

참으로 기가 막힌 명언名言이다.
그가 조그만 시냇물이 크고 넓은 강과 바다가 된다는 것은
무엇을 의미하고
그것이 인간의 최고의 높은 선을 이룬다는 것은
무엇을 전달하기 위함일까?

그는,
'내 자신부터 물처럼 주위 모든 인연을 이롭게 해야 한다.
내 자신부터 물처럼 낮아지려고 노력해야 한다.
내 자신부터 물처럼 행하면 어느새 커진다는 것이다.'
라는 메시지를 전하고자 했다.

비록 그는 자연의 하나인 물을 두고 비유로 말했지만
그의 말은 하나님께서 독생자 예수님을 통해서
지금의 우리에게 주는 인생의 나침반羅針盤과 같다.

하나님은 세상 만물 하나하나를 통해서
중국의 일개 철학자의 입을 통해서
우리에게 깨우침을 주신다.

'하나님은 세상 만물 하나하나를 통해서
우리에게 이렇게 깨우침을 전달하고 계신다.'

우리가 보여야 할 모습이다

아직도 하나님의 존재를 전혀 모르는
친구가 있다.

하나님을 알면서도
하나님보다 나를 앞세우는
친구가 있다.

하나님을 뒤로한 지
꽤 오래된 친구가 있다.

하나님을 옆에 모시고 있지만
내 형편 때문에 하나님을 그림자처럼 대하는
친구가 있다.

하나님을 가슴에 모신 것 같지만
항상 자기 기준으로
하나님을 저울질하는 친구가 있다.

내 눈동자에 그들이 앉아 있다.
그렇다면 그들의 모습인가

아니면 내 눈동자 안에 있으니 나의 모습인가?

아무리 정확하게 차려 해도
공의 방향이 달라지고
그런 공을 서로 주고받아야 하니
그들이나 나는 한 팀이고 친구이다.

그들과 나는 서로를 밀어주고 일으켜주면서
함께 골을 성공시켜야 한다.

그 모습은, 우리를 창조하시고
여전히 사랑해 주시는 주님께
우리가 보여야 할 모습이다.

어차피 우리는 하나이기 때문에
내가 너이고 네가 나다.

내 눈동자에 앉아 있는 그들의 모습은
바로 나 자신이다.

'내 눈동자에 그들이 앉아 있다. 그렇다면 그들인가
아니면 내 눈동자 안에 있으니 나의 모습인가?'

영원히 살 수 있는 방법

'흐메… 손 시리다…
어제 비가 오더니 오늘은 대따 춥네… 얼른 난로의
전원을 켜야지…'

겨울이 시작된 후 처음으로 깃에 털이 달린 옷을
꺼내 입었는데도 칼바람은 아랑곳없이 나의 온몸
구석구석으로 스며든다.

오묘奧妙한 자연의 섭리를 어찌 나 같은 인간이
이해할 수 있겠냐만
지금 같은 추위든 여름날의 그 폭염이든
아무튼 자연의 흐름은 참으로 알 수 없다.

그러니 그 자연을 창조하신 전능자를
우리는 우리의 어떤 논리로 이해할 수 있겠는가.

이런 추위를 이겨내기 위해 내가 난로를 켜는 것처럼
우리 인간은 어떤 환경에서도
그것을 탈피할 생각과 방법을 찾는다.
그 능력은 전능하신 분이 우리에게 주신 것이다.

추위나 여름의 더위 등이
자연의 순환循環에 불과한 것처럼
우리 마음이 현재 경제가 어렵고
사회가 혼란스러워 살기가 힘들어 무겁다 해도
그 또한 자연의 순환의 하나인 것처럼
그것은 희망과 즐거움으로 우리에게 곧 돌아올 것이다.

"추위야,
너도 나도 자연에 속하지만 너는 별게 아니야.
너는 하루 이틀 이러다 따뜻함에 물러가겠지만
나는 영원히 살 수 있는 방법을
하나님께서 내게 주셨단다.
궁금하니?"

"나는 영원히 살 수 있는 방법을
하나님께서 내게 주셨단다."

어디에 서 있는가

문제問題의 사전적 정의를 보면,
'해답을 요구하는 물음, 해결해야 할 사항,
논쟁이나 논의, 연구 등의 대상이 되다.'등이다.

인간이 숨 쉬는 이 세상은
우리를 숨 쉬게 하는 공기만큼이나 온통 문제투성이다.
내 개인의 삶도 가정도 직장도 사업장도
주님의 몸인 교회도 마찬가지다.

문제가 닥쳐오면
우린 각자의 경험과 지혜로 그 해결을 볼 수 없을 때
그 분야의 고수에게 답을 찾아
해당 문제를 풀어나가려고 한다.

교회 공동체 내 문제도 어쩌면 그 순서는 비슷하지만
세상과 확연히 다른 것은
우리는 사람과 사람에서 찾는 게 아니라
오직 주님의 가르침으로 그 해결을 찾고 있다.

하지만 안타깝게 교회 공동체 안에서도

그런 상식적인 가짐을 뒤로하고
인간적인 영향의 우열에서 그것을 찾고자 하여
문제는 끊임없이 돌고 도는 것이다.

그래서 교회는 주님의 몸으로 비유되고
같은 목표와 목적을 가진 자들이 모인 곳이지만
닥치는 문제 앞에선 자유로울 수가 없는 것이다.

단지 그런 와중에도 세상적인 사람들과 다른 게 하나 있다면
각기 자신들이, 드러난 문제 앞에서
내가 어디에 있는가를 알려고 노력한다는 것이다.

오늘은 과연 내 자신은 교회 공동체의 이런 저런 문제 앞에서
'어디에 서 있는가'를 바라보려고 잠시 눈을 감아 보았다.

아직도 내 생각과 기준으로 언행하는 것과
나를 버리지 못하는 데서 오는 격한 감정들이
교회 공동체의 문제들 속에
이미 작은 불씨로 잠재되어 있다는 것을 알게 되었다.

이제야 내 자신이 알게 되었듯
그것을 깨닫지 못하는 자들이 더 많을 때
교회의 문제와 성도 간의 갈등 앞에서
깨닫지 못하고 변화되지 않을 때
교회는 제자리를 맴돌거나 부흥할 수 없다는 것을
알게 되었다.

한치 앞도 볼 수 없는 우리

프랑스의 작가 빅토르 위고는
"오늘의 문제問題는 싸우는 것이요,
내일의 문제는 이기는 것이요,
모든 날의 문제는 죽는 것이다."라고 말했다.

어젯밤 늦게
또 한 분이 험한 세상을 뒤로하고
천국 열차를 타셨다는 소식을 들었다.

잠자리에서 잠시 뒤척이는데
한동안 잊고 살았던 '죽음'이란 단어가
불쑥 살아나서 닫힌 눈꺼풀 속에서 움직인다.

빅토르 위고는 인간의 운명을 싸움의 연속이고
그 결과는 죽음이라고 말했는데
생각해보니 그는,
우리가 성경을 통해 배우는
하나님 말씀에서 가져온 게 확실하다.

우리 정도 나이면,
인간은 틀림없이 죽으며 육신이 죽고 난 후
영이 천국과 지옥으로 갈라지는 것을
알고 있다.

아직도 하나님을 믿지 않은 자들은
죽어보지 못해 그것을 믿지 못한다고
핑계 삼아 그것을 부정하고 있지만
인간은 각자 매일같이 어떤 싸움의 연속에서
살고 있다는 것은 다르게나마 알고 있다.

세상과의 싸움에서 연거푸 녹다운이 되어 보아야
어두워지는 자신의 영혼이 살아나야 함을 알게 되고
죽어가는 자신의 영혼의 빛을 찾기 위해
엎드릴 줄도 안다.

우리가 오늘 사는 것은
육신의 먹을거리를 찾기 위함이 아니라
하나님께서 독생자를 통해 우리를 살리신
그 진리를 빨리 알기 위함이다.

그분이
언제 내 목숨을 수거해 가실지
한치 앞도 볼 수 없는 우리가
지금 할 수 있는 건 아무 것도 없다는 말이다.

오늘도 세상에서 무엇을 위해 싸우는지조차
모르면서 사는 우리의 무지와 우매함을
내려놓아야 한다.

지금 하나님을 뒤로하는 것이
얼마나 통탄할 결과를 가져오는지
우리는 그것을 육신의 생명이 다하는 날에야
알게 되지만
이런 잡글을 통해서도 영원히 살 수 있는 방법을 알고
미리 대비할 수 있는 것이다.

나도 당신도 언젠간 죽지만
그 죽음 앞에서 세상 살 동안 무엇을 위해
세상과 싸웠는지에 대한 결과에 따라
그 길이 달라진다는 것을 알았으면 좋겠다.

'나도 당신도 언젠간 죽지만
그 길이 달라진다는 것을 알았으면 좋겠다.'

세상을 제대로 알려면

주위의 만류를 뿌리치며
독약을 마신 소크라테스는,
'지금 사는 것이 중요한 문제가 아니라
바로 사는 것이 중요한 문제다.'라고 말했다.

요즘 세상이 돌아가는 것을 보면
그 말이 나의 마음에 그대로 와서 앉는다.

과연 우리 인간은 다른 인간에서
무엇을 해줄 수 있겠는가…

뱀의 혀로 인하여 창조주의 명령을 어긴 인간은
그 이후로 서로 미워하고 시기하고 질투하고
죽음으로 몰아가는 것을 반복하고
또 반복하며 여태껏 숨을 이어 가고 있다.

죽이는 인간도 죽어가는 인간도
서로 입장이 바뀌어 복수를 할 때도
할 말은 꼭 있다.

소크라테스가 독배 앞에서 우리에게 남기는 메시지는
과연 무엇이었을까…
짐작컨대,
자신의 죽음으로 후세의 인간이 뭔가를
느끼고 깨닫기를 바라는 마음에서 자신의 목숨을
기꺼이 버린 것 같다.
그가 바라는 것은 '정의正義'다.

하지만 정의는, 소크라테스도 나도 너도
우리 인간의 머리로는 완성할 수 없다.

정의의 완성은 오직 하나님의 말씀밖에 없다.
그러므로 우리 인간은 살고 죽든 모든 인간의 기준을
우리 인간이 만든 기준이 아닌
하나님의 말씀에서 찾아야 한다.

요즘 돌아가는 세상을 제대로 알려면
내 몸을 던져 하나님 말씀을
먼저 받아들여야 한다.

'세상을 제대로 알려면
내 몸을 던져 하나님 말씀을 먼저 받아들여야 한다.'

선善과 의義를 행하면

3년을 거래했던 술집 젊은 사장이
일금 육십사만 원이란 미수금을
반년 이상을 끌더니 기어코
주지 않고 어디론가 날라 버렸다.

물론 나중에 그가 마음이 바뀌어
내게 돌려준다면 지금 나의 글은
소리 없이 취소할 것이다.

내가 하고 있는 장사는
작은 매출 금액을 의외로 자주
날리는 편이다.

작은 금액이라서 안면이 있다거나
몇 번의 거래가 있었으면 전화상으로
계약이 이루어지기 때문에
상대가 마음만 먹으면
나는 허공을 쳐다볼 수밖에 없다.

물론 거의 십여 년을 겪은 일이라
큰 실망이나 충격으로 이어지는 건 아니지만
그 젊은 사장이 평소 내게 했던
말과 행동을 생각하면
가슴 한편이 불편해지는 건 숨길 수 없다.

그를 생각하다가
'선善과 의義를 행하다 보면
낙심이 올 수 있다.'라는 뜻이 내포된
성경 구절(갈 6:9)이 생각났다.

'선과 의를 행하다 보면,
비록 낙심은 올 수 있지만
후엔 반드시 축복이 온다.'라는 메시지가 담겨 있듯
'악을 행하면, 그 또한 반드시 준엄한 심판이
오거나 있다'는 것을 알기 때문에
누군가에게 이런 저런 시험이나 낙담이나 절망 등을
크든 작든 주는 자인 그 젊은 사장도
그때를 기다려야 하는 입장이라고 생각하니…

솔직히 나 자신도 여태 살면서 그와 같은 입장에
처했던 경우가 있었을 것이다.
그러기에 그에게 모든 화살을 돌릴 수 없다는 것도
잘 안다.

다만 그가 운영했던 가게에서 나오는 폐기물이
트럭에 실리는 장면을 보면서
마음 한편이 시린 것은
그만이 아니라 힘과 백이 없는 흔한 사람 중
하나를 보는 것 같아 씁쓸할 따름이다.

그래선지 오늘 최고의 공직을 그런(?) 일로
사퇴한 그의 얼굴을 보면서
겨우 육십사만 원으로 거리가 생긴 그와 내가
가엾고 불쌍할 따름이다.

'선과 의를 행하다 보면 비록 낙심이 오지만
후엔 반드시 축복이 온다.'

새롭게 일어나기를

프랑스의 철학자 앙리 베르그송은,
'사색인思索人과 같이 행동하고
행동인行動人과 같이 사색하라.'라고 말했다.
이 말은 특별한 뜻이 담겨져 있기보다는 그저 서로 보완하여
하나의 뜻을 이루어 나가라는 뜻이지 싶다.

중국의 고전 대학大學에도 비슷한 문장이 있다.
'널리 배우고 자세히 묻고 깊이 생각하고 분명하게 판단하고
틀림없이 실천하라.'가 그것이다.
배우고 익힌 것을 적극적인 행동으로 행하라는
뜻일 게다.

나 같은 사람은 이른바 사색인에 가깝다.
즉 생각은 많지만 실천에는 약간 부족한 면이 있다는 것이다.
그래선지 나는 적극적이고 진취적인 사람을 흠모하는 편이다.

워낙 생각을 이리저리 많이 하는 편이고 생각했던 내용을
기본과 원칙대로 정한 뒤에 몸을 세워 움직이는 편이라
소심하고 우유부단하다는 소리를 자주 들었다.

보통 사람들도 다 아는 이런 말이 있다.
'수학의 위는 과학이요 과학의 위는 철학이며
철학의 위는 종교 즉 신앙이다.'란 표현 중에서
'철학의 위는 종교'라는 대목에서 나는 오랜 시간 머뭇거렸던 게 사
실이다.

철학이 종교보다 위라고 생각했는데
요사이는 신앙이 철학보다 몇 배 위라는 것을
너무나 정확하게 깨달아 가고 있다.

성경 구절마다 담겨져 있는 심오深奧한 가르침은
사색(여기서는 묵상이라고 하자.)하기에는
내게 안성맞춤이다.
구절 하나하나가 인생철학을 그대로 담고 있다.
다만 묵상에 그쳤던 것을 이젠 하나씩 몸으로 움직이면서
나는 앙리 베르그송의 말과 대학에 기술되어 있던 내용대로
온전하게 행하고자 몸부림쳐 본다.

나는 하나님 말씀은 묵상에만 그치지 말고
몸으로 실천해야 그 참뜻을 알 수 있다고
말하고 싶다.
아직도 나처럼 사색에만 머물고 있는 사람들은
독생자 예수님이 십자가에 못 박혀 죽으시고
부활하신 것처럼 새롭게 일어나기를
간절히 빌어 본다.

풍성해지는 비결

교회 학생들에게,
B와 D, 그 사이 C를 설명했다.

B는 Birth, D는 Death, C는 Choice다.
우리말로 하면, 태어남과 죽음 사이에는
선택이 있다는 것을 말한다.

인간은 태어나서 죽을 때까지
크든 작든 선택을 하면서
살아간다는 의미다.
그 선택으로 하여금 어쩌면 단 한 번뿐인
인생의 성패가 달라진다.

왜 내가 하고 싶은 공부와 학교를 뒤로하고
가족을 위한다는 핑계로 그 길을 선택했을까…
왜 선생님이 내게 하셨던 말씀을 무시하고
돈을 벌기 위한 명분으로 그 길을 갔을까…

나 또한 이제 와서 생각해 보면,
내 잘남을 앞세워 선택하며 살았건만

옳은 선택은 거의 하지 못했던 것 같다.

좀 더 일찍
잠언서 16장 9절 말씀, "사람이 마음으로
자기의 길을 계획할지라도 그의 걸음을 인도하시는
이는 여호와시니라."를 알았더라면
지난 과거에 대한 후회는 없었을 것이다.

나는, 아직도 지난 세월에 대한 후회와 아쉬움을
다 날려버리지는 못했지만
이 글을 읽는 미지의 사람들에게
꼭 말하고 싶은 게 있다.

무수한 선택 중 가장 중요한 것이 하나 있는데
그것은 예수 그리스도를 영접하는 것이라고…
그 선택이 현재 내가 가진 모든 것을 유지하고
복리에 복리까지 더해져
나의 인생이 풍성해지는 비결이라고….

'가장 중요한 선택은
예수 그리스도를 영접하는 것이다.'

보답하는 길

독일의 문호 괴테는,
'국민은 각자 자기의 천직에 전력을 다해야 한다.
이것이 조국에 보답하는 길이다.'라고 말했다.

간단한 문장이지만,
그의 말을 다음과 같이 적용해 본다.
'사람(성도)은 교회에서 자기가 맡은 일에 최선을 다해야 한다.
이것이 교회에 보답하는 길이다.'

조금만 문장을 해석할 수 있는 사람들은
두 문장의 차이를 금방 알 수 있다.
즉 국민으로서 열심히 하면
내 나라가 내게 준 것에 대한 보답이
되는 것이지만 후자는 막연하다는 것이다.

여기서 교회는 건물로 보면 해석하는 데 어려움이 따를 수 있다.
교회를 하나님이라고 보면 해석이 쉽다.
신앙생활을 하는 사람들은 다 알 수 있으나
이 글을 하나님의 존재를 부정하는 사람들이 본다면
갸웃거릴 수 있기 때문에 짧게나마 부연한 것이다.

하나님은 세상에 나를 보내기 전에
나를 자신의 영광을 위해
어떤 그릇으로 쓸까를 이미 정하고
육신의 부모를 통해 햇빛을 보게 했다.

이미 우린, 운명론과 차원이 다른 나의 인생을
내가 가진 틀 안에서 내 자신을 제대로 알지 못한 채
세상에서 수많은 사람들과 몸을 비비며 산다.
나를 알려면 교회에 나오면 된다.
교회에 나오면,
나 자신을 온전히 알 수 있는 방법을 터득하게 된다.

하나님은 나를 사랑하셔서 나의 죄를 대속하시고
세상에 살게 하지만 나를 통해
꼭 받으셔야 할 게 있으신 분이다.
하지만 우리는 그것을 알지 못하고
내 마음대로 세상을 산다.

하나님은 나를 통해 받으실 것을
교회를 통해 알려 주신다.
그렇다면 내가 나서 언제 갈지도 모르는 인생사에
그것을 빨리 알려고 노력해야 할 게 아닌가.
그것을 빨리 알려면 교회에 내 몸을 던져야 한다.

사는 것이 바쁘고 힘들고

이런 저런 고난과 역경에 있다는 것은
하나님이 우리에게 빨리
교회로 오라는 힌트인 것이다.

빨리 들어와서 내게 맡겨진,
내 그릇의 크기에 따라 맡겨진
소명召命을 제대로 수행해야
이 세상에 나를 보내신 하나님이 내게
보답을 해 주신다는 것이다.

국민으로서 나라에 충성하는 것도
한 가장으로서 한 가족에게 충성을 다하는 것도
다 일리 있는 명분이지만 그 모든 크고 작은 충성은
하나님에게 충성하는 그 바탕 안에 포함된 것이다.

오늘도 나의 삶에 충실하겠다는 것은
우리 인간의 생각으론 다 맞는 것 같지만
그 바탕을 뒤로한 채 이룬 모든 것은
수일 전,
엄청 내려 쌓였던 눈덩이가 겨우 한나절 내린 비로
다 사라진 것과 하등 다를 게 없는 것이다.

'교회에서 자기가 맡은 일에 최선을 다해야 한다.
이것이 교회에 보답하는 길이다.'

별로 다를 게 없다는 건

믿는 자든 믿지 않는 자든
특히 믿는 자들과 대화를 나눌 때
가장 많이 부딪치는 게 하나 있다.
그것은 믿는 우리도
'사는 데 있어서 믿지 않는 자들과
별로 다를 게 없다.'이다.

살면서 일어나는 모든 문제 앞에서
자유로울 게 없고 또 순탄順坦치 못한 것을 두고
우리는 주님께 불평하고
때로는 원망을 되풀이하면서
믿지 않는 자들과 별다를 게 없는 행동을
두고 하는 말이다.

나는,
주는 그리스도요 살아계신 하나님의 아들임을
인정하면서도
믿는 자로서 그 중심이나
버리지 못하는 자신만의 자아 때문에
일어나는 것으로 본다.

성경에 등장하는 인물들을 보면
하나님이 우리에게 주신
각기 다른 은사와 달란트에 따라
믿음 생활을 하는 것을 보게 되는데
우린 주님을 향하는 중심보다
등장인물들에게 보이는 그들의
능력과 행위를 보는 경우가 있다.

예를 들면, 초인간적인 능력을 보인다거나
구제와 봉사를 가장 큰 방향으로 삼는다거나
믿음 생활을 여타 종교와 비슷한 걸로
삼는 것 등이 바로 그것이다.

성경에 속 인물에게 나타난 그런 행위보다
우린 주님을 그리스도라고 확신하고
주님의 말씀과 가르침을 행하는 것이
더욱 중요하다.

나는 믿는 우리가, 믿지 않은 자들과
가장 크게 다른 점은 그것이라고 본다.
사는 데 있어서 그들보다 못하다 하더라도
우린 그들보다 이 세상을 창조하신
사랑의 주님에게 먼저 선택된 자들이다.
그러므로 그들과 차이가 없는 것에 대해
불평과 불만을 갖기보다는

좀 더 높은 차원을 바라봐야 한다는 말을 하고 싶다.
주님의 말씀에 따라 산다는 것은
사랑을 배워 나가는 것이고
또 배운 사랑을 세상에 전하는 것이다.
그것이 육으로 사는 세상 사람들과
주님이 주신 영으로 사는 우리의
가장 큰 차이이다.

우리 믿는 자들은
먹고 입고 사는 것에 대해 초월해야 한다.
풍족한 의식주를 소유하지 못하더라도
믿지 않는 자들과 구별되어야 한다.
그것을 제대로 아는 것만이 열등에 젖어 사는
즉 다를 게 없다고 비관하는 우리가
세상에서 승리해 나갈 수 있는 것이다.

'주님의 말씀에 따라 사는 것은
사랑을 세상에 전하는 것이다.'

매일매일 무장해야

'苟日新日日新又日新'
대학大學에 나오는 말이다.
'참으로 새롭고 나날이 새롭고 또 날로 새롭다.'란 뜻이다.

어제의 나의 삶보다 오늘이 더 새로워야 하고
내일은 더 새로워져야 한다는 뜻이다.

이 말을 신앙생활을 적용해 보니
그 의미가 더 쉽게 이해된다.

신앙의 선배들이
하나님을 몰랐을 때와
하나하나 말씀을 통해
그 말씀이 내 몸에 스며들 때의 생활이
달라져야 한다는 것을 왜 침을 튀기며 말했는지
조금은 알 것 같다.

금주는, 몸이 안 좋다는 핑계로
바쁘다는 이유로 생명의 말씀을 뒤로했다.
결과는 역시 나의 몸과 마음의

리듬이 떨어지는 것을 느꼈다.

대학은, 인간은 죽는 날까지 배워야 한다고
우리에게 많은 가르침을 준다.
그것을 좀 더 크게 보면,
지식에만 머무는 것이 아니라
신앙생활에도 확실히 적용되는 것을 알게 된다.

유능한 사람이 되려면
부단히 배우고 노력하는 것처럼
신앙생활도 지금보다 더 나아지려면
매일매일 말씀을 통해 무장해야 한다는 것을
며칠간의 나의 삶을 돌아보니 정확히 증명된다.

'신앙생활도 지금보다 더 나아지려면
매일매일 말씀을 통해 무장해야 한다.'

지폐 한 장 들고

인간은 본디 각기 모양새가 다르듯이
자신만의 생각이나 습관, 이념과 사상 등도
다를 수 있다. 아니 다르다.

외모는 본디인 만큼 내 자신이 스스로 빚을 수 없다 해도
나의 정신은, 내가 자라온 가정환경이나
부모를 통한 교육, 사회적인 배경 등에 따라
차이가 날 수밖에 없기 때문이다.

그래선지 나의 정신에 옳은 것을 저축하기 위해
내 자신도 한창 때 '세상 사람들이 좋아할 수 있는
처세가 무엇인가'에 관한 것을 찾기 위해
그 내용을 기록한 책을
많이 읽으려 했던 기억이 난다.

많은 돈을 지불하면서 읽었던 그 내용을
지금은 다 기억할 수 없지만
그중 몇 가지 정도는
이미 내 몸에 배어있으리라고 짐작하고 있다.

하지만 세상 사람들이 자신의 생각을 기록해
세상에 내어 놓은 책들은 다른 사람을
충분히 만족시키지 못한다는 것을 알았다.

지금의 나이가 되어서야
세상 모든 사람에게 공통적으로 적용되어야 할
올바른 처세를 알게 하는 책을 발견했다.
그것은 성경이다.

나는 개인적으로 성경 66권 중에
잠언을 특히 사모한다.

그것은 나의 인생, 아니 우리 인간에게
지혜와 교훈을 주는 금보다 귀한 말씀으로
온통 채워져 있기 때문이다.

나는 우연이든 필연이든 이 글을 보는 미지의 사람들이
대형 서점에 화려한 표지로만 그럴듯하게 포장되어서 꽂혀진
참 진리를 다 담지 못한 그런 책들의 내용을 의지하기보다는
비록 딱딱하게 보일지언정 성경을 찾아
잠언을 읽어 보기를 원한다.

아마도 내가 성경 속 잠언을 찾지 못했다면
오늘도 나는, 서점에서
만 원짜리 지폐 한 장 들고 무언가를 찾기 위해
아직도 서성거리고 있을 지도 모르겠다.

만남의 중요성 1

세상에 나온 것은 순서가 있지만
가는 것은 순서가 없다는 말이 있다.

이 말은 어찌되었든 가는 것은
이미 정해져 있고 틀림없이 간다는 말이다.

우리는 나와 가까운 사람들이 그 길을 먼저 가면
피눈물을 흘리며 가는 것에 대한 아픔과 슬픔을
직간접으로 경험하지만
거리가 먼 사람이 가는 것은 내게 별로
감정의 변화를 주지 않는다.

태어나서 가는 그 중간의 지점
즉 삶 속에서 우리는 그런 것을 자주 경험한다.
좋아하는 사람 아니면 사랑하는 사람과의 이별도
그 깊이에 따라 위 반응과 별 차이가 없다는 말이다.

나는 개인적으로
독일의 작가 한스 카로사가 말했던 '인생은 만남이다.'란
문장을 무척 좋아한다고 기회가 있을 때마다

여러 번 인용한 적이 있는데
우리는 살면서 우연이든 필연이든
많은 사람과 만나고 헤어지고를 반복하며 산다.

국내의 어떤 작가는 한스 카로사의 말을 부연하면서
그 어떤 만남보다도 예수님과 베드로와의 만남에
큰 비중을 두어 설명했다.

베드로와의 자리에 나를 대입해 넣으면
우리는 내 자신이 어찌 살아야 하고
만남이 얼마나 중요한지 긴 설명이 없어도
깨닫게 될 것이다.

세상을 살면서 상대를 예수님으로 여기고
나를 베드로라 여긴다면
우린 만남의 실행을 어찌 해야 하는지
알게 된다는 말이다.

우리 중 내 자신부터
상대가 나보다 덜 배웠다고 덜 가졌다고 또 못생겼다고
상처를 주고 등을 보이고 있지는 않는지…
나 자신부터 되돌아보기를…
나 자신부터 만남의 중요성을 다시 깨닫기를…

만남의 중요성 2

어떤 철학자는,
인생의 만남에 두 가지 형태가 있다고
말했다.

'하나는 겉 사람과 겉 사람끼리의 피상적인 만남이요.
또 하나는 인격과 인격끼리의 깊은 실존적 만남이다.'

피상적皮相的 만남이란,
겉으로 드러나 보이는 현상만을 가지고 만나는 것이고
실존적實存的 만남이란,
실제 존재하는 대상을 두고 만나는 만남이라고 생각하면
될 것이다.

실존이란 개념 속에는
우리가 아는 실존주의라는 철학적 이론이
짙게 배어 있는데
지금 하나님을 믿는 우리가 우리의 눈으로
보이지 않는 하나님을 믿고
그분의 말씀에 순종하는 관계 속에는
실존이란 뉘앙스가 깔려 있다.

즉 실존은 실제 존재하는 것을 지칭하므로
보이지 않는 하나님도 존재하는 대상이 된다는 것이다.

우리가 하나님을 믿는다는 것은
하나님의 실존을 인정하는 것이고
우리가 인정하는 존재,
하나님과의 관계를 인격과 인격끼리의 만남이라고
부를 수 있다는 말이 된다.

물론 위 철학자가
하나님과 인간의 관계까지 염두에 두고
만남을 설명한 것으론 보이지 않지만
우리는 하나님과 우리 인간의 관계처럼
사람과 사람의 관계도 그토록 중요하다는
철학자의 주장은 인정할 필요가 있다고 본다.

내 개인뿐 아니라
어느 조직 어떤 단체든 만남은

실존적 만남이 되어야 한다는 것이다.
한 사람을 얻기까지
내 자신이 어떻게 행동해야 한다는 것을
알게 하는 문장이다.

보이지 않는 하나님을 믿는
우리 자신은 보이지 않는
그 하나님의 말씀은 순종하려 하면서
실제로 옆에 있는 사람에게는 피상적 만남으로
오늘도 그 사람을 대하고 있을지도 모른다.

앞서의 철학자는 만남을 구별하고 있지만
우리가 믿는 하나님은
우리가 하나님을 대하듯
하나님이 우리 인간을 대하듯
옆 사람에게도 그리 대하기를
기대하고 계실 것이다.

사람이 변한다는 것

어릴 적 일기장을 들춰보면,
나는 나의 미래를 두고
문학과 철학 관련 성공자 대열에 서는 것을
꿈으로 삼았던 내용이
뚜렷이 기재記載되어 있다.

한동안 그 목표를 이루기 위해 나는 나름대로
노력한 것 같았지만
현재는 그 길과 딴판의 길을 걷고 있는 것이
엄연한 사실이다.

아직도 나만의 시간에 나만의 사색에 잠길 때면
나의 꿈을, 형편과 현실로 그리고 능력 부족으로
땅에 묻은 것은 가장 아쉬움으로 온다.

이젠 머리엔 흰색의 비율이 높아지고
책을 볼 때마다 눈도 가물가물해지는 핑계로 인해
그 모든 것을 포기한 상태로 세상에 내려놓았다.

하지만 나를 점점 내려놓기 시작한 것은
예수란 귀한 분을 종교에 등장하는 이름이 아닌
진정한 나의 구주로 영접한 때이다.

나는 나의 변화를
감히, 바울이 주를 모시던 사람들을
핍박하던 중에 하나님을 만난 사실과 견준다.
바울이 남긴 신약의 각 편을 대할 때마다
'사람이 변한다는 것은
바로 이것이구나.'를 알게 된다.

육적인 자신의 생각으로
다른 이를 잡아들이던 사람도
이런 식으로 하나님께 크게 쓰임 받았던 것을 보면서
아직도 세상적인 생각에서 자유롭지 못한 나를 포함해서
지금 주를 아는 사람이나 안 믿는 사람이나
언제 어디서 어떻게 변화되어
더 크게 쓰일지 알지 못하는 우리들은
세상 모든 사람을 주를 대하듯 대하여야 한다는 것을
나의 머리와 마음에 새겨 넣는다.

'우리들은
세상 모든 사람을 주를 대하듯 대하여야 한다.'

두 개의 눈과 귀

중국의 묵자墨子는,
'한 눈이 보는 것은 두 눈이 보는 것만 못하고
한 귀가 듣는 것은 두 귀가 듣는 것만 못하다'
라고 말했다.

그의 말이 아니더라도 우린 조금만 생각해 보면
그 이유를 알 수 있다.

하나님이 자신의 형상대로 인간을 창조하실 때
왜 눈과 귀를 두 개씩 만들었을까?

눈을 두 개로 지은 것은, 앞을 잘 보라는 의미보다는
똑바로 보라는 의미가 강하다.
내 눈이라 해서 내 마음대로 저울질해서 보지 말고
두 눈이 합심하여 제대로 보라는 것이다.

귀도 마찬가지다.
이런 저런 사람들의 혀에 자신의 귀가 놀아나게 하지 말고
양쪽 모두의 말을 듣고 균형 잡힌 사고로
합리적인 판단을 내리라는 의미가 있다.

하나님께서 입은 겨우 하나만 주시고
눈과 귀를 두 개씩 만들어 주신 이유는
바로 사람들 각자의 입과 형편에서 나오는
그들의 이야기를 그들의 입장에서 진실로 다 받아주되
다만 한쪽으로 치우치지 말라는
경계의 음성이다.

한 사람의 말만 듣고 판단을 내리는 것은
내 자신의 선입관에 사로잡히고
편견의 늪에서 허우적거리게 된다.

특히 교회 공동체의 리더는 조심해야 한다.
내 자신이 어느 위치 어느 직임에 있는 것과 상관없이
하나님 말씀을 기준에 두고
주위 모든 사람의 의견을 존중하되
치우치지 말아야 하는 것이다.

우리들 각자의 말은 내 기준으로 하면 다 옳다.
다 옳은 것을 하나로 만들어 가는 것이
교회 공동체의 리더의 본분이고
하나님께서 우리에게 바라는 바라고
확신한다.

다른 건 몰라도

오늘 같은 이런 기사를 보면
저절로 고개를 숙이게 된다.

어떤 이는 방 한 칸도 없어서
오늘도 새벽 공기를 마시며 순서를 기다리고
또 어떤 이는 하던 일이 되지 않아
지금도 지하에서 빈 병을 베개 삼아
누워있는 자도 있는데
그들에게는 그림에 불과한
초록과 자주와 파란 잎을
두어 묶음도 아니고 몽땅 자루에 담아
남을 위해 내놓을 수 있는가

그것이 정치적 목적이든
세상에서 나의 이름을 얻기 위함이든
내가 가진 것을 남을 위해 내놓는 것은
그 이유를 불문하고 참으로 훌륭한 일이다.

세상사 자신의 마음가짐이 중요하리
쉴 만한 집이 없어도 지금 내가 거한 곳이

편하면 그것이 내 집이요
남에게 줄 게 없는 빈 지갑뿐이라 해도
남을 위함이 먼저면 그것이 주는 자의 마음이리….

지폐를 몇 자루 가지고 있어도 감춰두고 있으면
그것은 휴지조각에 불과한 것이요
남에게 주기 싫어 노심초사勞心焦思하는 것은
지갑 속에 구겨진 천 원짜리 한 장을
남을 위해 내놓는 마음보다 가엾은 마음이라
세상사 내가 가진 것의 크기나 넓이보다
마음을 어찌 쓰느냐에 따라
내 생이 바뀌는 것… 그것은
어찌 쓰느냐 그것은… 내가 움직이는 것이 아니라
내 몸 안에 이미 자리한 성령이 역사한 것을
오늘 신문의 톱기사를 장식한 그 사람도
지하에서 눈물로 지새우며 주지 못해 안타까워하는
그 사람의 마음도
너와 나 모든 사람의 마음도
성령이 역사한 것임을
다른 건 몰라도 그것은 꼭 알고 있어야 한다.

너와 나 우리 모두 다른 건 몰라도 오늘 같은 일로
자주 고개를 숙였으면 좋겠다.

주는 자도 기쁘고 받는 자도 고마워하는
오늘 같은 일이 더 많아졌으면 좋겠다

알량한 자존심

알바하겠다고 온 걸인 같은 이에게
오천 원짜리 밥 한 끼 사주었더니
당신 같은 사람 처음이라고 들뜨게 해놓고
불쌍함을 가장해서 오만 원을 가져갔다.

평소, 상처 많은 청소년을 모아
운동을 통해 그들을 보호한다고
점수를 따더니
어느 날, 급하게 방세를 내야 한다고
이십만 원을 가져간 뒤에 핸드폰 번호를
바꾸어 버렸다.

당신은 보기 드문 신실한 크리스천 같다고
몇 번을 내 앞에서 찬양을 흥얼대더니
물건값 삼십만 원을 주지 않고
사라져 버렸다.

보기에는 참으로 열심히 사는 이 사람은
수완이 좋아선지 몇 달 간격으로 가게를 사고팔다가
어느 날 갑자기 밤에 도망갔다.

물건값 오십만 원과 함께….

밑의 지방에서 수십억 공사를 하다가
본의 아닌 부도로 여기까지 줄행랑쳤다 하기에
가엾은 마음에 긴 시간을 인내하여
주님을 알게 해주었더니
소개를 핑계로 중간에서 육십만 오천 원을
반년이 넘도록 준다고 해 놓고 감감무소식이다.
등등…

생각하기에 따라 작은 돈이다.
사정에 따라 큰돈이다.

주인에게 거액을 탕감받은 사람이
홀가분해서 날갯짓하며 길을 걷다가
자신에게 소액을 가져간 사람을 잡아
'고양이가 쥐를 잡듯 했다.'는 성경에 나오는 비유를
지켜보겠다는 알량한 자존심 때문에
나는 이렇게 십여 년 동안
제대로 화 한 번 내지 못하고
사랑하는 나의 주님만을 원망한다.

물질은
지금의 나처럼 주님을 원망케 하는
사단 마귀의 최고의 계략이자

최대의 무기이다.

오, 주님… 그들의 계략을 이겨내게 하옵소서.
저는 사단을 이길 수 없습니다.
오직 주님만이 그들을 물리칠 수 있습니다.
다만, 아직도 남은 환란과 인내와 시험과 연단에서 나와
소망을 보게 하여 주옵소서.
세상에서 승리하고 주님께 영광 돌리는 삶을 살도록
성령으로 인도하여 주옵소서.

'세상에서 승리하고 주님께 영광 돌리는 삶을 살도록
성령으로 인도하여 주옵소서.'

가지에 매달려 있을 때

화려했던 벚꽃이 봄비와 바람의 시새움에
이름 모를 잡초들과 공원길에
널브러져 있다.

가지에 매달려 있을 때는
그토록 우리의 눈과 마음을
즐겁게 해주었건만
떨어진 지금의 모습은
하찮은 휴지조각과 별로 다를 게 없다.

가만히 눈을 감으니
교회 공동체의 구성원도
저 벚꽃과 하등 다를 게 없다는 걸
깨닫게 된다.

공동체의 구성원으로 함께 할 때는
우린 가지에 매달린 하나의 꽃이지만
떨어져 나오면
지나가는 똥강아지에게도 밟히는 신세가
되는 것이다.

이 길에 떨어진 꽃 하나하나는
비와 바람의 기세에 떨어진 것만은 아닐 것이다.
자기의 생각과 형편과
그리고 다른 꽃들보다 자기가 잘났다는 교만으로
벗어난 것도 있을 것이다.

이렇게 봄의 향기가 가득한 날,
나무 아래서 잠시만 눈을 감으면
쉽게 알게 되는 것을
우린 너무나 바삐 사는 것 같다.
무엇을 위해 그리도 열심히 사는 건지….

'우린 너무나 바삐 사는 거 같다.
무엇을 위해 그리도 열심히 사는 건지…'

그 어떤 것도 앞설 수 없다

학생들에게,
'산수나 수학보다 어려운 것은 과학이요,
과학보다 어려운 것은 철학이며,
철학보다 어려운 것은 종교요,
종교 중에 가장 중요한 것은
참 종교, 즉 기독교基督敎를 선택하는 것이다.'를
20여 분만에 이해시키는 것은 역부족이었다.

인생도 살다 보면,
위와 같은 순서를 밟게 되는데
내 나이 정도 된 사람들조차도
이 순서에 대한 의미를 잘 알지 못한다.

그것은 사람들과 대화를 나누다 보면
금방 알게 된다.
그것이 그 사람의 현재 의식수준이라고 보면 된다.

오랜 시간 신앙생활을 하고 있는 사람들 중에도
종교에 대해 즉, 그 종교의 진리를
잘못 해석하며 생활하는 것을 보게 된다.

독생자 예수님이 우리 대신
십자가에 못 박히셨다.
그리고 그 흘린 피로 우리는 구원을 받아 살고 있다.

우리는 그 자체만으로도 감사해야 할 일이지만
우리 중 일부는 기도祈禱를
나의 일신一身을 위해 한다.

우리의 기도는
나만의 간절한 소원만을 얻기 위함이면 안 된다.
그것은 불교가 말하는 발원發願이나
유교에서 말하는 입지立志 등과
하등 다를 게 없기 때문이다.

우리의 신앙생활은
우리를 위해 독생자를 보내신 분의
영광을 위함이어야 한다.
기도도 그분의 영광을 위해
내가 무엇을 해야 할지 찾아야 하는 것을 말한다.

사람에게 보이기 위한 예배 참석이나
각양각색의 봉투에 물질을 넣는 행위나
내가 바라는 것을 얻기 위한 기도나
그 어떤 것도
주님의 영광을 위한 언행보다
앞설 수 없다.

"여보세요? 혹시 ○○씨 집 맞나요?"

"예 맞습니다."

"전화 받은 분이 아내 되시나요?"

"예. 그런데요. 어디시죠?"

"여기 파출소입니다. 좀 나와 주셔야 될 거 같습니다."

애향은 파출소라는 말에 가슴이 콩닥거리기 시작했습니다. 파출소에서 서너 번째 호출인 데도 도무지 익숙해지지 않습니다. 남편은 또 어떤 일로 자신을 파출소로 초대하려는 건지 벌써부터 얼굴이 화끈거리기 시작했습니다. 그래도 파출소에 처음 갈 때에는 가슴이 심하게 뛰어 우황청심환을 사서 먹고 갔었는데 이젠 그때보다는 덜 뛰었습니다.

파출소에 들어서자 한쪽 귀퉁이에서 비스듬히 쓰러져 코를 골고 있는 남편이 보였습니다. 하지만 애향은 남편 곁으로 가지 않고 경찰관 앞으로 갔습니다. 먼저 알아본 경찰관이 말을 건넸습니다.

"벌써 세 번째인 거 아시죠?"

"이번엔 무슨 일이죠?"

경찰관이나 애향이나 서로 남 얘기하듯 썰렁하게 말을 주고받았습니다.

"뭐 큰일은 아니고요. 피해자가 곧 올 테니 잠깐 기다려 보세요."

"피해자라니요?"

"지금 진단서 발급받으러 병원에 갔어요. 아, 마침 오네요."

경찰관의 말에 뒤를 돌아보니 또래로 보이는 남성 세 명이 들어오고 있었습니다. 언뜻 보니 그중 한 명은 얼굴에 멍든 자국과 코피를 흘렸는지 코 주변에는 말라서 굳어진 피가 보였고 오른팔에는 깁스를 하고 있었습니다. 보나마나 싸움을 한 것 같았습니다.

"여기 이분이 보호자 되는 분이에요. 여기서든 아니면 나가서 얘기 끝내고 오세요!"

애기를 끝내라는 경찰관의 말에 애향은 기가 찼습니다. 합의를 보라는 말이었습니다.

일단은 가타부타 사정이라도 들어봐야 할 것 같아 다친 사람에게 말을 걸려고 다가갔습니다. 말 걸려는 분위기를 감지했는지 옆에 있던 사람이 기다렸다는 듯이 입을 열었습니다.

"저 사람 혹시 미친 거 아닙니까? 왜 모르는 사람한테 시비 걸고 함부로 주먹질을 하는 겁니까!"

다친 사람은 가만히 있고 오히려 지인으로 보이는 그 사람의 음성은 흥분과 떨림이 있었습니다.

"저어, 차근차근 말씀해 주세요."

애향은 어느새 마음이 편안해져 있었습니다. 애향의 말에 잠시 눈을 깜박이던 그 사람이 말한 경위는 이러했습니다.

길거리 포장마차에서 술을 마시고 있었는데 남편이 혼자 들어와 옆자리에 앉아서 급하게 술을 주문하고는 나오자마자 연거푸 몇 잔을 들이켰단다. 이미 어느 정도 취해서 들어온 남편은 옆자리 사람들에게 괜한 시비를 붙였고 다친 사람이 관심 없으니 그만두라는 식으로 말을 하자 자기를 무시한다며 주먹을 날리고 발길질을 했단다.

"휴우…."

한숨을 내쉬는 애향은 별다른 반응을 보이지 않으며 다시 물었습니다.

"아무튼 미안합니다. 병원에선 뭐래요? 몇 주 나왔어요? 어떻게 해드리면 되겠어요?"

"3주 나왔어요. 저 사람 봐서는 참을 수 없지만 아주머니를 보니안 돼 보이기도 하고…."

애향은 지그시 눈을 감았습니다.

"치료비와 합의금 오백 정도로 끝내시지요!"

애향은 자신의 귀를 의심했습니다. 오백이라니? 일 년 이상을 저축해도 못 만드는 돈을 하루에 몽땅 내놓으라고? 문제는 오백은커녕 오십만 원도 당장 없다는 것이었고, 오백이 있다면 더 급하게 처리해야 할 일이 얼마나 많은가 하는 생각이 먼저 들었습니다.

"미안하지만 그런 돈은 없어요. 콩밥을 먹이든지 마음대로 하세요!"

애향은 단 두 마디만 던지고는 일어섰습니다. 애향의 행동에 피해자들이나 경찰관조차 서로 눈만 멀뚱멀뚱 쳐다보았습니다.

"그냥 가시면 어쩝니까?"

경찰관이 부르는 소리가 들렸습니다. 하지만 경찰관이 부르는 소리는 애향의 눈물에 미끄러지면서 이내 사라졌습니다.

'저 인간은 좀 살아 봐야 돼. 그래도 정신이 들진 모르겠지만….'

생각을 하면서도 애향은 자신 스스로 솔직하지 못하다는 걸 알고 있었습니다. 남편이 저렇게 변하는 데엔 자신의 탓이 가장 크다는 걸 잘 알고 있었기 때문입니다. 아직도 이해하려고 무던히 애를 쓰고 있습니다. 사실 결혼한 지가 어느 덧 십여 년이 넘어서고 있지만 생기지 않는 애가 둘 사이를 이토록 힘들게 할 줄은 몰랐습니다. 연애 시절이나 결혼 초기에는 그토록 자상하고 얌전했던 사람이 애를 갖지 못한다는 병원의 이야기를 들은 뒤로 술을 자주 마시기 시작했습니다. 처음엔 작은 양의 술로 그 마음을 달랬는데 점점 늘어나는 주량에 비례해서 성격도 난폭해지기 시작했습니다. 물론 오늘도 그 연장선에 남편이 있는 것입니다.

집에 돌아오자 전화벨이 쉬지 않고 울려 댔습니다. 파출소라는 확신이 서자 이내 전화선을 빼버렸습니다. 오늘만큼은 받지 않으리라는 결심과 함께….

　전화벨조차 울리지 않는 방은 고요 그 자체였습니다. 깊어 가는 가을 날씨만큼이나 가슴은 이미 싸늘해져 있었고 말로 표현할 수 없는 슬픔도 엄습하였으며 누군가에게 이런 처지를 하소연도 하고 싶어졌습니다. 애향은 와중에도 컴퓨터의 전원을 눌렀습니다.

　"하이! 반가워….'

　"응….'

　"오늘 어찌 지냈니?"

　"그냥….'

　"왜? 또 싸웠니?"

　"아니….'

　"아니긴, 보이는데?"

　애향은 순간적으로 눈물이 흘러 내렸습니다. 보이지도 않는 모니터 속의 친구는 몇 마디 대답에서 자신의 북받치는 가슴을 이미 알고 있었습니다. 너무나 고마운 친구였습니다.

"속상해서…."

"또 맞은 건 아니지?"

"응."

"그럼 또 사고 쳤구나!"

"……."

애향은 대답을 할 수가 없었습니다. 이젠 솔직히 말하는 것조차 창피스러웠습니다.

"바보야, 이젠 끝낼 때도 됐잖아. 아이 못 낳는 것도 죄니? 애가 인생의 전부는 아니잖아. 자꾸 애 때문에 사고 친다고 말하는 건 다 핑계야."

애향은 친구의 핑계라는 말에 흐르던 눈물이 멈춤을 느꼈습니다. 그럼 또 다른 이유가 있다는 말인가? 애향은 멈춘 눈물을 훔치며 물었습니다.

"뭔 뜻이야? 핑계라니?"

"글쎄 좀 오버하는 면은 있지만 그게 다는 아닐까란 생각이 들어. 또 다른 뭔가가 있다는 것이지."

애향은 남편에게 있을 또 다른 뭔가를 생각해 보려 했습니다. 하지만 떠오르는 것은 온통 먹구름뿐이었습니다.

"왜? 뭐 생각나는 거 있어?"

"아니… 뭐가 있을까 싶어서."

"잘 생각해 봐. 또 다른 뭔가가 있을 거야."

애향은 컴퓨터를 끄고 냉장고에서 김치와 콩자반을 꺼내 찬밥과 함께 꾸역꾸역 넘겼습니다. 머릿속에선 친구가 내준 숙제가 빙빙 맴돌았지만 도무지 떠오르는 것은 없었습니다. 몸과 마음은 지쳐 있었지만 궁금증은 가시지가 않았던 것입니다. 빈 그릇을 싱크대 위에 놓고는 다시 컴퓨터로 향했습니다.

"있었네…."

"응. 오늘 애들 아빠 야근이잖아. 웬일로 다시 들어왔어?"

"궁금해서…."

"뭐가? 아까 했던 또 다른 뭔가 얘기니?"

"응…."

"왜? 짐작되는 거라도 있어?"

"아니. 그건 아니구. 예를 들면 뭐가 있을까?"

"예를 들면?… 이런 것도 한 예가 될 수 있을 거야."

애향의 눈은 모니터에 집중하였습니다. 자신은 전혀 예상하지 못
한 이야기를 친구는 스스럼없이 풀어 나갔습니다.

"남자들이 변하는 이유는 아주 많아. 네 남편처럼 결혼 전엔 자상
하고 좋아 보이던 사람도 예외는 없다는 얘기지. 남자란 동물 자체
가 그런 게 있잖니. 후대를 남기기 위한 몸부림 같은 동물적 본능뿐
아니라 별로 잘난 것도 없으면서 자존심만 강해가지고 여자 앞에서
허세를 부리는 거…."

"너무 상투적인 것 같아… 지금 상황과 좀 다른 얘기 같고…."

"그래. 네 말대로 상투적이고 보편적인 이런 얘깃거리가 어떤 사람에게는 인생의 심각한 문제로 커지는 씨앗이 되는 거지."

"그래? 잘 이해가 안 돼…."

"얘는… 쉽게 생각해 봐. 후대를 남기기 위한 동물적인 본능이란 게 뭐겠니? 남자 대부분이 아내 외에도 많은 여자에게 침을 흘린다고 하잖아. 이런 말도 있더라. 열 여자 싫어하는 남자 없다는…."

"그거야 상투적이다 못해 웃기는 상식이 아닌가? 근데 지금 내 상황과 좀 다른 거 같아."

"그럴 수 있겠다. 근데 향아, 상식적인 남자의 그런 행동을 여자는 알면서도 당하고 또 당하고 하잖아."

"당한다는 말은 적당하지 않은 것 같은데?"

"내 표현이 잘못된 건 있지만 아무튼 남자의 속성처럼 여자의 본능도 어쩌면 비슷해. 그런 이유가 남자와 여자가 얽히고설켜서 시간처럼 바람처럼 흐르다가 다들 생을 마감하는 것이지…."

"네 말은 내 남편이 그런 본능에서 뭔가 풀리지 않는 문제를 안고 있다는 거니?"

"네가 말했잖아. 남편과 부부생활을 한 지가 까마득하다고?"

"그거야… 하도 속을 썩이니까 그거 할 맛이 나겠어?"

"난 그렇게 생각해. 본능이 현실에 의해 무참히 밟히면 그런 욕구를 분출하기 위한 목적으로 삐뚤어진 행동을 할 수가 있다고… 네 남편은 2세를 볼 수가 없어. 그리고 너도 거부해. 처음부터 네 남편이 그런 문제를 반복해서 일으킨 것은 아니잖아. 안 그래?"

애향은 친구의 말에 조금은 동감同感할 부분이 있음을 알았습니다. 하지만 자신도 힘이 드는데 집안의 기둥인 남자가 억지 행동을 하는 건 책임회피라는 생각이 들었습니다.

"향아, 남편의 모든 행동을 네가 책임질 능력이 없으면 아니 이해할 수 없으면 다른 것도 생각해 봐."

"혹시 이혼?"

애향은 겁이 덜컥 났습니다. 애향에게 이혼은 정말 무서웠고 두려움의 대상이었기 때문입니다. 일찍 이혼을 해서 자신을 키운 친정엄마를 생각하면 그것은 불효라는 생각이 들었습니다.

"왜? 자신 없어?"

"생각해 본 적이 없어…."

"그러니? 나도 같은 여자지만 요즘 여자들 중에는 이런 저런 이유로 이혼을 생각하는 사람들이 많아. 세상이 변한 탓이라고 하는 말도 있지만 이혼이 그런 복잡한 구속에서 탈피시켜 주는 건 절대 아니거든?"

"그거야 마음고생이 너무 심하면?"

"이해할 수 있다는 말이니? 근데 넌 왜 자신이 없는 건데? 아무튼 생각해 본 적이 없다고 말하는 건 어쩌면 다행스러워. 그래, 물론 충분히 이해할 수 있는 사람들도 있는 건 사실이야. 하지만 이혼이 유행이 되어서는 안 된다는 거지. 유행을 따라 간 사람들이 그 전보다 많이 행복해진다고 생각하니? 결코 높은 확률 게임은 아닐 듯싶어. 향아. 다행히 생각하고 있지 않다니까 하는 말인데…. 하지만 이렇게 말하는 나도 그 정답을 말해 줄 입장이 못 되는 거 알잖아…이젠…."

'?'

애향은 복잡한 생각을 잊으려고 집 근처 공원으로 나왔습니다. 을씨년스러운 가을의 늦은 밤은 자신을 더 처량하게 하는 것 같았습니다. 공원길을 몇 바퀴째 돌아도 흥분되어 있는 머리와 가슴은 진정되지 않았습니다. 다만 친구가 예전에 말했던 이야기가 문득 떠올랐습니다. 나의 사정을 거의 알고 있던 친구는 오늘처럼 알 수 없는 말만 몇 마디 하다가 컴퓨터를 로그아웃하곤 했습니다. 특히, 애를 갖지 못하는 것이나 그로 인해 남편과의 불화가 생긴 것이나 남편이 그런 명분으로 제대로 직장을 잡지 못하면서 매일같이 술에 찌들거나 도박을 일삼는다거나 폭력이나 기물파손 등으로 파출소를 들락날락하는 것도 다 이유가 있다는 말과 그 모든 행위를 인간의 힘으로는 온전히 풀 수 없다고 하면서 예수를 믿고 교회에 나가야만 그런 일들을 해결받는다고 말했습니다.

애향은 친구의 말을 생각하다가 고개를 들어 반대편 하늘을 바라보는데 평소 무관심했던 교회의 빨간 네온의 십자가가 두 눈동자에 그려졌습니다. 그리고 예전에 느끼지 못했던 감정이 솟구치면서 심장의 속도가 더 빨라지기 시작했습니다.

백대현 短篇小說 「C. 하는 사람들」에서

「세상과 하늘 사이」 서문 소개

이 책은, "나는 너희처럼 뛰어난 외모도 다양한 스펙도 통장에 쌓아둔 큰 물질도 없어… 그럼 어찌해야 하는 거니?"란 질문으로 시작합니다.

우물 속에서는 내가 가장 잘났다고 살았는데 밖에 나와 보니 나보다 잘난 사람들이 너무나 많습니다. 그로 인한 인간 사이의 상대적 열등감은 나 자신을 힘들게 할 수 있습니다. 하지만 살다 보면 자연스럽게 내 자신이 그 우물을 선택하지 않았다는 사실을, 즉 내가 국가나 지역이나 부모나 성별 등 어느 한 가지도 내 마음대로 내가 선택하지 못했다는 것을 알게 됩니다. 그러므로 열등감은 가질 필요가 없다는 등식等式이 성립됩니다.

나 자신을 돌이켜 보면, 일찍 남편을 하늘로 보내고 3남 2녀를 키우시는 어머니에게 든든한 아들 역할을 하고자 했던 것은 내 자신이었지 어머니는 나에게 그 자리를 강요한 적이 없었습니다. 하고 싶었던 공부도 이런 저런 핑계로 내가 그만둔 것이었지 형제들은 그 어느 누구도 자기들을 위해 내가 학교를 그만두기를 바란 사람은 없었던 것입니다.

인간은 내 의지와 상관없이 태어납니다. 시간이 흐르면서 천성天性에 다양한 삶의 배경이 모아져 크게는 내성과 외성으로 또 여러 갈래의 성향으로 드러나게 되고 사람마다 약간의 다름은 있을지언정 내 자신의 못남이나 남보다 가진 게 없거나 뒤떨어지는 것을 본능적으로 세상 탓으로 돌리기도 합니다.

물론 그중에 많은 사람들은 나의 형편과 운명을 바꾸어 보고자 나름대로 노력을 하기 시작합니다. 차츰 의식意識이 높아지면서 인간의 삶에 대해 연구했던 동, 서양의 선대 철학자들의 가르침이나 세상에서 성공했다는 사람들의 처세술도 펴게 됩니다. 그러나 '이리 해라 저렇게 해 봐라 그리하면 성공할 것이다!'라고 쓰여 있는 비슷한 내용을 보면서 혹시 하는 마음으로 생의 방향을 바꾸어 보기도 하고 몇 걸음 걷다가 나와 별 차이가 없음을 깨닫고 멈춰 서서 시큰둥한 표정을 짓기도 합니다.

꼬마에게 피자 한 판을 주면 다 먹지도 못하면서 자기 것이라고 누구와도 나누어 먹지 않습니다. 학생들에게 어린이와 똑같은 한 판을 주면 일곱 조각은 먹을 수 있지만 한 조각은 먹을 수 없다는 것을 이미 경험해 봤기 때문에 누군가가 달라 하면 보통 한두 조각

정도는 주기 싫어도 줍니다. 어른이 되면 피자가 있어도 자식이나 지인을 먼저 배려하고 그들이 먹는 모습 앞에서 인간은 '왜 먹어야 하나'를 떠올리게 되고, 자의식自意識이 더 높은 사람은 먹고 사는 것만이 아니라 인생의 모든 문제는 내 지식과 경험으로는 도무지 완전히 알 수 없고 또 내 마음대로 되는 게 거의 없고 뭔가 알 수 없는 힘과 흐름이 있다는 것을 느끼게 됩니다. 이것을 학문용어로 보면, 산수에서 과학으로 철학으로 종교로 내 의식이 발전하고 있다는 것을 의미합니다. 즉 삶의 고난과 역경, 환란 등을 겪으면서 가슴 밑바닥에서부터 인간은 피조물이라는 것을 점점 확신해 나가게 되고, 꿈틀거리는 영혼으로 인해 눈에 보이지 않는 세계가 있다는 것도 믿게 되는 것입니다.

어느 누구에게나 이즈음이 어쩌면 가장 중요한 시점인데 참된 종교 및 신앙을 갖게 되느냐 아니면 이단 및 사이비 종교에 빠지게 되느냐 하는 분기점分岐點에 서게 됩니다. 이때 복 있는 사람은 창조주의 선택을 받게 되는데 주위 인연을 통해, 보잘것없는 나를 위해 자신의 피로 나를 구원하신 분이 있었다는 것을 알게 되면서 받아들이게 됩니다. 눈에 보이지 않는 것을 믿는다는 것은 어쩌면 대단한 용기가 필요합니다. 그 용기와 선택으로 인해 남은 내 인생이 새롭게 탄생되고 변화되는 놀라운 은혜와 감사를 경험하게 됩니다.

이 책은 지은이가 살아오는 동안, 세상에서 느꼈던 메모와 신앙생활을 하면서 문득 떠올랐던 단상斷想과 실제 체험을 통해 변화된 내 자신의 현재 모습입니다. 나의 못남을 남과 세상의 탓으로만 여겼던 어리석었던 자가 많은 고뇌와 시험과 연단을 통해 모든 것이 하나님의 계획과 인도하심이라는 것을 깨닫게 되면서 그 과정을 하나로 묶은 것입니다.

곧 발간 예정인 이 책이 가장 먼저, 자신의 삶이 현재 어떤 상태든 아직 하나님을 알지 못해 내 중심으로 인생을 사는 사람들에게 관심 대상이 되었으면 좋겠습니다. 그리고 외형적인 교회의 여러 부문部門에 참여는 하고 있으나 잘못된 가르침을 주었던 일부 목회자나 교회의 다양한 시스템 그리고 다른 성도로 인해 상처를 받았거나 아니면 분란 등 다양한 이유로 인하여 형식적인 자세로 일관하는 기존의 교인들도 주목했으면 좋겠습니다.

감사합니다.